# 书在飞

# 小学数学

铂金◎主编

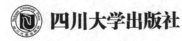
四川大学出版社

项目策划：梁　平
责任编辑：周　艳
责任校对：傅　奕
封面设计：现当代文化
责任印制：王　炜


图书在版编目（CIP）数据

书在飞．小学数学／铂金主编．— 成都：四川大
学出版社，2019.7
ISBN 978-7-5690-2818-8

Ⅰ．①书… Ⅱ．①铂… Ⅲ．①小学数学课－教学参考
资料 Ⅳ．① G624

中国版本图书馆 CIP 数据核字（2019）第 039185 号


**书名　书在飞　小学数学**
　　　SHU ZAI FEI　XIAOXUE SHUXUE

| | |
|---|---|
| 主　　编 | 铂　金 |
| 出　　版 | 四川大学出版社 |
| 地　　址 | 成都市一环路南一段 24 号（610065） |
| 发　　行 | 四川大学出版社 |
| 书　　号 | ISBN 978-7-5690-2818-8 |
| 印前制作 | 四川胜翔数码印务设计有限公司 |
| 印　　刷 | 成都市金雅迪彩色印刷有限公司 |
| 成品尺寸 | 170mm×240mm |
| 印　　张 | 8.25 |
| 字　　数 | 139 千字 |
| 版　　次 | 2019 年 7 月第 1 版 |
| 印　　次 | 2019 年 7 月第 1 次印刷 |
| 定　　价 | 39.80 元 |

◈ 读者邮购本书，请与本社发行科联系。
　 电话：(028)85408408/(028)85401670/
　 (028)86408023　邮政编码：610065
◈ 本社图书如有印装质量问题，请寄回出版社调换。
◈ 网址：http://press.scu.edu.cn

四川大学出版社
微信公众号

# 编委会

# 序

　　小学是接受教育的初级阶段,也是知识积累和思想成型的关键阶段,把握好了这个阶段,以后的学习就容易得多。那么怎样才能把握好这个阶段呢?

　　首先,我们要了解这个阶段学生的心理特点。

　　注意分为有意注意和无意注意,而小学生的注意力特点为无意注意占优势,注意力不稳定、不持久,容易被一些新奇事物吸引。其感知是从笼统、不精确向较精确逐渐过渡。同样,小学生的记忆也是由无意识记忆和机械式记忆向有意识记忆逐渐过渡,因此小学生对有趣的事情能很快地记住,而对枯燥的事情记起来就会感到困难。随着年龄的增长,他们的思维理解能力不断提高,慢慢地就能很好地记住所要学习的内容。

　　其次,这个阶段是最需要家长有效关爱的阶段,而《书在飞　小学数学》将会是家长们的神兵利器,借助这本书可以和孩子们建立更加亲密的关系!

　　本书主要针对小学数学内容展开,适合不同阶段、不同特点的小学生。本书题目分为两大层次:第一大层次为基础到飞跃,其中包含三个小层次,即基础、提升和飞跃,基础多为概念性题,提升多为对基础知识点的提升和强化题,飞跃则是更需要开动脑筋的题;第二大层次为奥数,针对特别喜欢数学的孩子。

　　此外,本书每一道题的讲解分为三个过程——基础延伸、思维愈合和全面恢复。基础延伸就是在解题前,把所需掌握的知识进行归纳和深化,让学生在解题的时候更加轻松,这部分内容有时候记忆或理解起来比较困难,不做强制性要求,可以直接越过;思维愈合就是针对题目,引导学生去思考;全面恢复是最重要的环节,是再现整个解题过程,旨在让学生能够重视解题过程和书写规范。这三个过程,要求学生一定要进行深度思考,不可简单应付。

　　对于本书,高年级的孩子可以自己进行阅读,低年级的孩子则可在家长的陪同下进行阅读。

　　一天不用阅读很多页,阅读一两道题目,融会贯通就行。只要坚持,持之以恒,那么,每一页都会留下你博学多思的痕迹,《书在飞　小学数学》将伴你冠冕为王!

　　本书是对教材的拓展,省去了一些最基本的概念,建议老师们可以配合教

序

材使用,不建议过多地刷题,以免本末倒置。本书总结出了一些规律,也收集了很多教科书里没有的知识,希望能助老师们一臂之力。

因时间仓促与个人能力有限,本书的谬误之处在所难免,还望各位读者不吝指正。

让《书在飞 小学数学》为你插上翅膀,伴你一同在数学的宇宙中翱翔!

# 目 录
## CONTENTS

# 一 基础到飞跃

## 1. 数的认识

### 基础

**例1** 一个数由 590 个千亿、9206 个千万、4.85 个百万、629 个一组成,这个数是( )位数,写作( ),读作( )。最高位上的 5 是较低位上的 5 的( )倍。

**基础延伸** 整数的计数单位从个位依次为:一(个)、十、百、千、万、十万、百万、千万、亿、十亿、百亿、千亿、兆①、十兆、百兆、千兆……我们中国的读数常采用四位分级法,即从个位起,每四个数位作为一级。个、十、百、千四位称为个级,万、十万、百万、千万四位称为万级,亿、十亿、百亿、千亿四位称为亿级,兆、十兆、百兆、千兆四位称为兆级,等等。个级、万级、亿级、兆级……称为数级。兆级以后的数级还有京、垓(gāi)、秭(zǐ)、穰(ráng)、沟、涧(jiàn)、正、载、极、恒河沙、阿僧(sēng)只、那由他、不可思议、无量、大数。其中关系,笔者有诗记之:

#### 万进诗

中华大数,以一起之,一可成十,亦可成万。

跬步千里,小流江河,世间万物,皆有此缘。

十一是十,十十为百,十百成千,十千上万。

上述四进,皆为满十,满十则进,此为十进。

万若成亿,必经十万,而后百万,进而千万,

万万为亿,晋为亿级,万亿之进,称为万进。

此后有兆,继而有京,京垓秭穰,均为万进。

万进之间,十进为填,四次十进,则可成万。

---

① 此处兆按万进计算,即为万亿;三位分级法的兆为一百万。

万亿为兆,万兆为京,万京为垓,万垓为秭。

万秭为穰,万穰为沟,万沟为涧,万涧为正。

此后万进,载后为极,恒河沙也,阿僧只也。

那由他也,不可思议,无量次之,大数绝冠。

**思维愈合** 一(个)是整数最低数位,写数时有多少个一,直接写出即可。十后面有一个数位,写数时需要补充 1 个 0,如 5 个十,则先写出 5 再补充 1 个 0,即为 50。依此类推,百后面为 2 个 0,千后面为 3 个 0,万后面为 4 个 0,亿后面为 8 个 0,其他组合数位的 0 的个数等于其之和,如百亿后面的 0 的个数为百的 2 个 0 加上亿的 8 个 0,即 10 个 0。590 个千亿就是在 590 后面先加 3 个 0 再加 8 个 0,即为 59000000000000,按照四位分级法整理为 59000000000000;同理 9206 个千万为 92060000000,按照四位分级法整理为 92060000000;4.85 个百万为 4850000,由于这是小数,百万的百的 2 个 0 由 8 和 5 代替,按照四位分级法整理为 4850000;629 个 1 直接写成 629。

**全面恢复** 解:59000000000000 + 92060000000 + 4850000 + 629 = 59092064850629,此数为 14 位数,读作五十九兆零九百二十亿六千四百八十五万零六百二十九,最高位上的 5 后面有 13 位,较低位上的 5 后面有 4 位,即他们相差 13 − 4 = 9(位),5 ÷ 5 = 1,再给 1 补充 9 个 0,即为 1000000000 倍。

**例 2** 一个数亿位上是最小的合数,百万位上是最大的一位数,万位上是最小的质数,千位上是最大的一位数质数,百位上是最小的既是奇数又是质数的数,十位上是既是奇数又是合数的一位数,个位上既不是质数也不是合数,其余各位上都是 0,则这个数写作( ),读作( )。以四舍五入法、去尾法、进一法改成以万为单位的整数分别是( )万、( )万、( )万。

**基础延伸** 在整数中,能被 2 整除的数为偶数(双数),偶数的个位数一定是 0、2、4、6 或 8;不能被 2 整除的数为奇数(单数),奇数的个位数一定是 1、3、5、7 或 9。奇数和偶数都属于整数,它们在整数中是相对的,也就是说一个整数非奇即偶或非偶即奇。奇数和偶数有正负之分,0 作为一个特殊的偶数,既是正奇数和负奇数的分界线,又是正偶数和负偶数的分界线。

两个连续的整数中必有一个奇数和一个偶数。

奇数列:$1,3,5,7,9,\cdots,(2n-1)$的前 $n$ 项和为 $n^2$;

偶数列:$0,2,4,6,8,\cdots,(2n-2)$的前 $n$ 项和为 $n^2-n$。

质数和合数是在正整数范畴内讨论的数,所以质数和合数没有负的。一个正整数除了 1 和它本身,没有其他因数,这个数就称为质数(素数);一个正整数除了 1 和它本身,还有其他因数,这个数就称为合数。1 既不是质数,也不是合数。

**思维愈合** 0~9 数字中,奇数有 1、3、5、7、9,偶数有 0、2、4、6、8,合数有 4、6、8、9,质数有 2、3、5、7,既不是质数又不是合数的有 0、1。

亿位上是最小的合数,即表示的数为 400000000;百万位为最大的一位数,即为 9000000;万位为最小的质数,即为 20000;千位上是一位最大的质数,即为 7000;百位既是奇数又是质数且最小,即为 300;十位上是既是奇数又是合数的一位数,即为 90;个位上既不是质数也不是合数,即为 0 或 1。

**全面恢复** 解:400000000 + 9000000 + 20000 + 7000 + 300 + 90 + 0(或 1)=409027390(或 409027391),此数写作 409027390 或 409027391,读作四亿零九百零二万七千三百九十或四亿零九百零二万七千三百九十一,以四舍五入法、去尾法、进一法改成以万为单位的整数分别是 40903 万、40902 万、40903 万。

# 提升

**例 3** 王思博喜欢收藏一元硬币,他每次买东西后都习惯把找回的一元硬币放入他的存钱罐,存满后恰好是 1000 元整。有一天他把存钱罐中的硬币倒出来和谭希媛数着玩,5 个 5 个地数余 2 元,6 个 6 个地数余 3 元,7 个 7 个地数余 4 元,8 个 8 个地数余 5 元。谭希媛很快就算出了一共有多少钱,那王思博究竟存了多少枚硬币呢?

**基础延伸** 几个数公有的倍数,叫作这几个数的公倍数,其中最小的一个叫作这几个数的最小公倍数。几个数公有的因数,叫作这几个数的公因数,其中最大的一个叫作这几个数的最大公因数。就拿 5、6、7、8 最小公倍数的求解来说明,5、7 为质数,不用分解质因数,6 = 3×2,8 = 2×2×2,6 和 8 有公因数 2,所以 5、6、7、8 的最小公倍数为 5×6×7×8÷2 = 840。

基础到飞跃

**思维愈合**　本题目为稍微复杂的倍数问题，由题意可知，硬币的数量并不是 5、6、7、8 的公倍数，而是除以 5、6、7、8 都有余数。仔细观察，发现所有的除数都比余数大 3，也就是说若王思博再存 3 枚硬币，则硬币数量恰好是 5、6、7、8 的公倍数。那我们从 5、6、7、8 的最小公倍数求起，即可得到最终答案。

**全面恢复**　解：$[5,6,7,8] = 840, 840 - 3 = 837$，由于存钱罐容量为 1000，故稍微大点的公倍数 1680 和更大的公倍数不满足题意，舍去。

答：王思博存了 837 枚硬币。

**例 4**　一个三位数 $n$ 的个位数是 4，可以表示为 $n = \overline{abc} - \overline{cba}$（其中 $a, b, c$ 表示 0 至 9 中的整数，且各不相同），那么这个三位数 $n$ 是多少？

**基础延伸**　用字母表示一个多位数的时候一般写作形如 $\overline{abcd}$ 的格式，它表示的数值为 $1000a + 100b + 10c + d$，如果没有上划线则表示 $a, b, c, d$ 的乘积。

**思维愈合**　三位数 $n$ 是由三位数 $\overline{abc}$ 和三位数 $\overline{cba}$ 相减得来，由此可知两个三位数千位上数字 $a > c$，又因为 $n$ 的末尾数为 4，$c - a$ 减不开，需向高位 $b$ 借 1 当 10 来用，即 $c + 10 - a = 4$，即 $a - c = 6$，十位上被借了 1，则 $(b - 1) - b$ 又减不开，需向高位 $a$ 借 1 当 10 来用，即 $(b - 1) + 10 - b = 9$，百位上 $a$ 被借了 1，又因 $a - c = 6$，则 $(a - 1) - c = 5$，所以 $n = 594$。

**全面恢复**　解：因为 $n = \overline{abc} - \overline{cba}$，所以 $a > c$，

所以式子 $\overline{abc} - \overline{cba}$ 个位数相减需向十位借 1，又因为 $n$ 的末尾数为 4，则 $c + 10 - a = 4$，得到 $a - c = 6$。

而式子 $\overline{abc} - \overline{cba}$ 中两数的十位数都是 $b$，被减数 $b$ 被借 1 后又得向百位借 1 才能继续做减法运算，即 $(b - 1) + 10 - b = 9$。

式子 $\overline{abc} - \overline{cba}$ 中两数的百位数相减，被减数 $a$ 被借 1，则 $(a - 1) - c = a - c - 1 = 6 - 1 = 5$。

所以 $n$ 的百位数、十位数、个位数分别为 5、9、4，即 $n = 594$。

# 飞跃

**例 5**　陈嘉怡家的客厅中安装有 200 盏彩灯，每两盏由一个开关控制，即同亮同灭，且每一盏彩灯只能由一个开关控制。现在所有开关按照序号 1～100

依次安装在同一个控制箱内，所有的灯都处于"熄"的状态。王思博先将序号是3的倍数的开关按一遍，接着谭希媛又将序号是4的倍数的开关按一遍，然后陈嘉怡将序号是5的倍数的开关按一遍，那么，这时客厅中有多少盏灯亮着？

**基础延伸** $[x]$ 为取整函数，表示不超过实数 $x$ 的最大整数，如 $[3.1]=3$，$[-1.7]=-2$。

100 及以内 3 的倍数有 $[100÷3]=33$（个）；100 及以内 4 的倍数有 $[100÷4]=25$（个）；100 及以内 5 的倍数有 $[100÷5]=20$（个）；100 及以内 3、4 的公倍数有 $[100÷3÷4]=8$（个）；100 及以内 3、5 的公倍数有 $[100÷3÷5]=6$（个）；100 及以内 4、5 的公倍数有 $[100÷4÷5]=5$（个）；100 及以内 3、4、5 的公倍数有 $[100÷3÷4÷5]=1$（个）。

两个互质的自然数的最小公倍数即为两个数的乘积，其他的公倍数可以依次乘以 2，3，4，5，…获得。

**思维愈合** 本题目为比较复杂的倍数问题，要计算多少盏灯亮着，只需要计算多少个开关处于"开"的状态即可。

由题意王思博先将序号是 3 的倍数的开关按一遍可知，此后有 33 个开关各被按了 1 次，处于"开"的状态；接着谭希媛又将序号是 4 的倍数的开关按一遍，那么又有 25 个开关各被按了 1 次，此时，同时为 3、4 的公倍数的序号开关被按了 2 次，被按了 2 次的开关则又回到了"关"的状态；然后陈嘉怡将序号是 5 的倍数的开关按一遍，此时我们知道，凡是没有被按过的开关的序号，既不是 3 的倍数，又不是 4 的倍数，也不是 5 的倍数，被按过 1 次的开关的序号仅仅是 3 或 4 或 5 的倍数，被按过 2 次的开关的序号是 3、4、5 两两的公倍数，被按过 3 次的开关的序号是 3、4、5 的公倍数，只有 1 个。

为了便于理解，我们用文氏图来说明，见图 1-1-5-1。

图中阴影部分为按了奇数次的开关，我们只需要求出这些开关的数量即可求出有多少盏灯是亮着。由图可知，处于"开"的状态的开关总数，即为阴影部分所表示的开关数量之和。

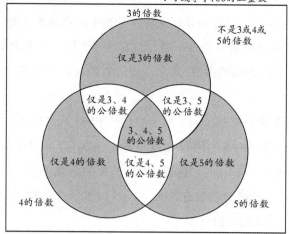

小于或等于100的正整数

3的倍数

不是3或4或
5的倍数

仅是3的倍数

仅是3、4
的公倍数

仅是3、5
的公倍数

3、4、5
的公倍数

仅是4的倍数

仅是4、5
的公倍数

仅是5的倍数

4的倍数

5的倍数

图 1 - 1 - 5 - 1

**全面恢复** **解**:序号是3、4、5的倍数的开关个数分别为:

$[100 \div 3] = 33($个$)$,

$[100 \div 4] = 25($个$)$,

$[100 \div 5] = 20($个$)$。

序号是3、4、5其中两个的公倍数的开关个数分别为:

$[100 \div 3 \div 4] = 8($个$)$,

$[100 \div 3 \div 5] = 6($个$)$,

$[100 \div 4 \div 5] = 5($个$)$。

序号是3、4、5的公倍数的开关个数为:

$[100 \div 3 \div 4 \div 5] = 1($个$)$。

序号仅是3、4、5中一个数的倍数的开关个数分别为:

$33 - (8 - 1) - (6 - 1) - 1 = 20($个$)$,

$25 - (5 - 1) - (8 - 1) - 1 = 13($个$)$,

$20 - (5 - 1) - (6 - 1) - 1 = 10($个$)$。

由图 1 - 1 - 5 - 1 可知,处于"开"的状态的开关总数为:

$20 + 13 + 10 + 1 = 44($个$)$,

即处于"亮"状态的灯的数量为:

$44 \times 2 = 88($盏$)$。

答:这时客厅中有88盏灯亮着。

**例6** 王思博和谭希媛一共带了 300 把雨伞去春熙路卖,由于正值雨季,一会儿就卖完了。两人的雨伞不一样多,但卖的钱却是一样多。王思博对谭希媛说:"假如我有你那么多的雨伞,我可以卖 4900 元。"谭希媛嘟着嘴不高兴,对王思博说:"假如我有你这些雨伞,只能卖 2500 元。"他们两个人各有多少把雨伞?

**基础延伸** 这道题涉及我们生活中常用的一个公式,即总价 = 单价 × 数量,用字母表示为 $s = an$,其中 $s$ 为总价,$a$ 为单价,$n$ 为数量(这里的数量是广义的数量,可根据货物的不同而相应变成多少长度、多少质量、多大面积等)。

**思维愈合** 假如王思博的雨伞的单价和数量分别用 $a_1$、$n_1$ 表示,谭希媛的雨伞的单价和数量分别用 $a_2$、$n_2$ 表示,因他们卖的钱一样多,所以

$$a_1 n_1 = a_2 n_2,\ 即 \frac{a_1}{a_2} = \frac{n_2}{n_1}。$$

从谈话内容又可知,$a_1 n_2 = 4900$,$a_2 n_1 = 2500$,两式相除可以得到:

$$\frac{a_1 n_2}{a_2 n_1} = \frac{4900}{2500},\ 又因为 \frac{a_1}{a_2} = \frac{n_2}{n_1},\ 所以$$

$$\frac{a_1 n_2}{a_2 n_1} = \frac{n_2 n_2}{n_1 n_1} = \frac{70 \times 70}{50 \times 50},\ 即 \frac{n_2}{n_1} = \frac{7}{5}。$$

王思博的雨伞的数量为:$300 \times \dfrac{5}{5+7} = 125$(把)。

谭希媛的雨伞的数量为:$300 - 125 = 175$(把)。

**全面恢复** **解:** 将新卖价化为平方比形式:

$$\frac{4900}{2500} = \frac{70^2}{50^2}。$$

底数比则为两人各自的数量比,于是王思博的雨伞的数量为:

$$300 \times \frac{5}{5+7} = 125\ (把)。$$

谭希媛的雨伞的数量为:

$$300 - 125 = 175\ (把)。$$

答:王思博有 125 把雨伞,谭希媛有 175 把雨伞。

基础到飞跃

# 2. 数的运算

## 基础

**例1** 计算：

$$100\frac{1}{2} + 99\frac{1}{6} + 98\frac{1}{12} + 97\frac{1}{20} + 96\frac{1}{30} + \cdots + 2\frac{1}{9900} + 1\frac{1}{10100}。$$

**基础延伸** 本题涉及连续正整数和的公式：

$$1 + 2 + 3 + 4 + 5 + \cdots + (n-1) + n = \frac{n(n+1)}{2}, n \in \mathbf{N}^*。$$

式中 $n$ 为项数，$(n+1)$ 为首尾之和，$\frac{n}{2}$ 为 $(n+1)$ 的个数。

本题涉及的另一个裂变公式为：

$$\frac{1}{a(a+1)} = \frac{1}{a} - \frac{1}{a+1}(a \neq 0, a+1 \neq 0)。$$

公式的推导过程为：

$$\frac{1}{a(a+1)} = \frac{(a+1)-a}{a(a+1)} = \frac{1}{a} - \frac{1}{a+1}。$$

该公式可以衍生出类似公式：

$$\frac{1}{a(a+k)} = \left(\frac{1}{a} - \frac{1}{a+k}\right) \times \frac{1}{k}(a \neq 0, k \neq 0, a+k \neq 0)。$$

公式的推导过程为：

$$\frac{1}{a(a+k)} = \frac{k}{a(a+k)} \times \frac{1}{k} = \frac{(a+k)-a}{a(a+k)} \times \frac{1}{k} = \left(\frac{1}{a} - \frac{1}{a+k}\right) \times \frac{1}{k}。$$

**思维愈合** 带分数可以表示为整数与真分数和的形式，在计算带分数加减运算的时候，我们可以分别计算整数部分和分数部分，再把它们的结果相加即可。对于本题基础延伸部分提到的公式，一定要多做练习加以巩固。

**全面恢复** 解：

$$原式 = (100 + 99 + 97 + \cdots + 1) + \left(\frac{1}{2} + \frac{1}{6} + \frac{1}{12} + \cdots + \frac{1}{10100}\right)$$

$$= \frac{100 \times (100+1)}{2} + \frac{1}{1 \times 2} + \frac{1}{2 \times 3} + \frac{1}{3 \times 4} + \cdots + \frac{1}{100 \times 101}$$

$$= 5050 + \left(1 - \frac{1}{2}\right) + \left(\frac{1}{2} - \frac{1}{3}\right) + \left(\frac{1}{3} - \frac{1}{4}\right) + \cdots + \left(\frac{1}{100} - \frac{1}{101}\right)$$

$$= 5050 + 1 - \frac{1}{101}$$

$$= 5050 \frac{100}{101}。$$

**例2** 计算:

$(1 + 0.123 + 0.149) \times (0.123 + 0.149 + 0.258) - (1 + 0.123 + 0.149 + 0.258) \times (0.123 + 0.149)$。

**基础延伸** 乘法分配律:$(a + b)c = ac + bc$。乘法分配律的反用,也就是提取公因数:$ac + bc = (a + b)c$。

乘法分配律的推广:$(a - b - c)d = ad - bd - cd$。

乘法分配律的套用:

$(a + b)(c + d) = a(c + d) + b(c + d) = ac + ad + bc + bd$。

**思维愈合** 合理运用整体替代,可以大大简化计算过程,提高计算速度和准确率。

**全面恢复** 解:令 $a = 0.123 + 0.149, b = 0.123 + 0.149 + 0.258$。

则原式 $= (1 + a) \times b - (1 + b) \times a$

$$= b + ab - a - ab$$

$$= b - a$$

$$= (0.123 + 0.149 + 0.258) - (0.123 + 0.149)$$

$$= 0.258。$$

## 提升

**例3** 若 $a$ 满足等式 $9\frac{7}{8} - 3.5 \div \left[ 1\frac{3}{7} \times \left( a + 1\frac{1}{3} \right) \right] = 9\frac{3}{4}$,那么 $a$ 的值是多少?

**基础延伸** 本题涉及四则运算。四则是指加法、减法、乘法、除法的计算法则。一般地,如果只有加法和减法,或者只有乘法和除法,从左往右依次计算;如果一级运算(加法、减法)和二级运算(乘法、除法)同时有,先算二级运算,再算一级运算;如果有括号,要先算括号里边的,括号的计算顺序按照由内及外的顺序进行。

**思维愈合** 本题可采用倒推法,使等式变成一道四则运算的题目。推理能

基础到飞跃

力不够强的同学可以尝试逐步推导法,一样可以达到目的。

**全面恢复** 解法一:依题意,原等式可变为:

$$a = 3.5 \div \left(9\,\frac{7}{8} - 9\,\frac{3}{4}\right) \div 1\,\frac{3}{7} - 1\,\frac{1}{3}$$

$$= 3.5 \times 8 \times \frac{7}{10} - 1\,\frac{1}{3}$$

$$= 19\,\frac{3}{5} - 1\,\frac{1}{3}$$

$$= 18\,\frac{4}{15}。$$

解法二:原等式可变为:

$$3.5 \div \left[1\,\frac{3}{7} \times \left(a + 1\,\frac{1}{3}\right)\right] = 9\,\frac{7}{8} - 9\,\frac{3}{4} = \frac{1}{8}$$

$$\Rightarrow 1\,\frac{3}{7} \times \left(a + 1\,\frac{1}{3}\right) = 3.5 \div \frac{1}{8} = 28$$

$$\Rightarrow a + 1\,\frac{1}{3} = 28 \div 1\,\frac{3}{7} = 19\,\frac{3}{5}$$

$$\Rightarrow a = 19\,\frac{3}{5} - 1\,\frac{1}{3} = 18\,\frac{4}{15}。$$

**例4** 5210 减去它的一半,再减去剩下的三分之一,然后减去剩下的四分之一……最后减去剩下的百分之一,最后还剩多少?

**基础延伸** 单位"1"的正确理解,有助于将复杂的混合运算转变为简单的乘法计算。

价格问题:

设商贩进货价为 $a$,假如标价按照 20% 利润进行设定,但是在具体销售过程中会按照 9 折出售。这里出现了两个比值,即 20% 和 9 折,但凡出现比值的地方,一般会用到单位"1",20% 的单位"1"指的是进货价 $a$,而 9 折的单位"1"则指的是标价 $a \times (1 + 20\%)$,所以最终的出售价为 $a \times (1 + 20\%) \times 0.9$。

本息和问题:

设某种存款按年利率计算,每年的年利率为 0.3%,则存 10000 元,10 年后共有多少钱?存满一年后单位"1"按照 10000 元计算,则一年后共有 $10000 \times (1 + 0.3\%) = 10030$(元)。存第二年的时候,单位"1"已经涨为 10030,则两年后共有 $10030 \times (1 + 0.3\%) = 10060.09$(元)。依此类推,存 10 年后共有

$10000 \times (1 + 0.3\%)^{10} = 10304.08(元)$。

**思维愈合** 本题有100个比值，其单位"1"在依次变化着。我们将"减去剩下的几分之几"直接从单位"1"中减去，即可转化为简单的乘法问题。

$$5210 \times \left(1 - \frac{1}{2}\right) \times \left(1 - \frac{1}{3}\right) \times \left(1 - \frac{1}{4}\right) \times \cdots \times \left(1 - \frac{1}{100}\right)。$$

这个对于思维活跃的同学来说，可能理解起来并不难，对于实在不想动脑的同学，这里也有另一个办法，就是由简单推出复杂。我们先不管百分之一，我们先来看看三分之一处应是怎么算的：

5210减去它的一半，即剩下的数为

$$5210 - 5210 \times \frac{1}{2}。$$

再减去剩下的三分之一，再次剩下的数为

$$\left(5210 - 5210 \times \frac{1}{2}\right) - \left(5210 - 5210 \times \frac{1}{2}\right) \times \frac{1}{3}。$$

那么我们来化简一下，看看有没有什么规律。

$$\left(5210 - 5210 \times \frac{1}{2}\right) - \left(5210 - 5210 \times \frac{1}{2}\right) \times \frac{1}{3}$$

$$= \left(5210 - 5210 \times \frac{1}{2}\right) \times \left(1 - \frac{1}{3}\right)$$

$$= 5210 \times \left(1 - \frac{1}{2}\right) \times \left(1 - \frac{1}{3}\right)。$$

发现这个规律后，我们同样可以写出全式：

$$5210 \times \left(1 - \frac{1}{2}\right) \times \left(1 - \frac{1}{3}\right) \times \left(1 - \frac{1}{4}\right) \times \cdots \times \left(1 - \frac{1}{100}\right)。$$

**全面恢复** 解：

$$5210 \times \left(1 - \frac{1}{2}\right) \times \left(1 - \frac{1}{3}\right) \times \left(1 - \frac{1}{4}\right) \times \cdots \times \left(1 - \frac{1}{100}\right)$$

$$= 5210 \times \frac{1}{2} \times \frac{2}{3} \times \frac{3}{4} \times \cdots \times \frac{99}{100}$$

$$= 52.1。$$

## 飞跃

**例5** 一列有规律的数：1，5，9，13，17，21，25，…第100个数是多少？前100个数的总和是多少？

**基础延伸** 连续正整数和的公式:

$$1 + 2 + 3 + 4 + 5 + \cdots + (n-1) + n = \frac{n(n+1)}{2}, n \in \mathbf{N}^*。$$

式中 $n$ 为项数,$(n+1)$ 为首尾之和,$\frac{n}{2}$ 为 $(n+1)$ 的个数。

**思维愈合** 观察发现,后面一个数总比前面一个数大 4,如果用这个递进的规律一步一步计算,无法很快得到后面的数。我们不妨把所有的数和第 1 个数相比较,得到一个可以计算的规律。不难发现,第 2 个数比第 1 个数大 1 个 4,第 3 个数比第 1 个数大 2 个 4,那么依此归纳出第 100 个数比第 1 个数大 99 个 4 的结论。

**全面恢复** 解:$1 + 4 \times 99 = 397$。

$$1 + 5 + 9 + \cdots + 397$$

$$= \frac{100 \times (1 + 397)}{2}$$

$$= 19900。$$

答:第 100 个数是 397,前 100 个数的总和是 19900。

**例 6** $1! + 2! + 3! + 4! + \cdots + 2001!$ 的个位数字是几?

**基础延伸** 阶乘指从 1 乘以 2 乘以 3 乘以 4……一直乘到所要求的数。表达阶乘时,就使用符号"!"来表示。如 $n$ 的阶乘,就表示为 $n!$,$n! = n(n-1)! = n \times (n-1) \times (n-2) \times \cdots \times 3 \times 2 \times 1$,例如 4 的阶乘为 $4! = 4 \times 3 \times 2 \times 1 = 24$。

阶乘一般很难计算,因为积都很大。

以下列出了 1 ~ 10 的阶乘。

$1! = 1$, $2! = 2$, $3! = 6$, $4! = 24$, $5! = 120$, $6! = 720$, $7! = 5040$, $8! = 40320$, $9! = 362880$, $10! = 3628800$。

另外,数学家定义,$0! = 1$,所以 $0! = 1!$。

**思维愈合** 经观察思考,5 及其以上的数的阶乘都包含有因数 2 和 5,所以这些数都能被 10 整除,也就是说这些数的个位数都是 0。思考到这里,那么问题就迎刃而解了,我们只需要计算出 $1! + 2! + 3! + 4!$ 的个位数即可。

**全面恢复** 解:$1! + 2! + 3! + 4! = 1 + 2 + 6 + 24 = 33$。

答:$1! + 2! + 3! + 4! + \cdots + 2001!$ 的个位数字是 3。

# 3. 常见的量

## 基础

**例1** 一列长 500 米的火车以 144 千米/小时的速度通过一座隧道所花的时间为 20 秒,那么这座隧道有多长呢?

**基础延伸** 国际单位制中,长度的基本单位为"米",用符号"m"表示。

中国传统单位换算:

1 里 = 150 丈 = 500 米。

2 里 = 1 公里 = 1 千米 = 1000 米。

1 丈 = 10 尺 = $\frac{10}{3}$ 米。

1 尺 = 10 寸 = $\frac{1}{3}$ 米。

1 寸 = 10 分 = $\frac{1}{3}$ 分米。

1 分 = 10 厘 = $\frac{1}{3}$ 厘米。

1 厘 = 10 毫 = $\frac{1}{3}$ 毫米。

注:此处分、厘、毫,是寸的十分之一、百分之一、千分之一,不同于分米、厘米、毫米。分米、厘米、毫米则为米的十分之一、百分之一、千分之一。

常见的公英制长度换算为基本单位米为:

1 公里 = 1000 米(1 km = 1000 m)。

1 海里 = 1853 米(1 kt = 1853 m)。

1 英里 = 1609.34 米(1 mi = 1609.34 m)。

1 码 = 0.914383 米(1 yd = 0.914383 m)。

1 英尺 = 0.304794 米(1 ft = 0.304794 m)。

1 英寸 = 0.025399 米(1 in = 0.025399 m)。

其中,1 英里 = 1760 码(1 mi = 1760 yd)。

1 码 = 3 英尺(1 yd = 3 ft)。

1 英尺 = 12 英寸(1 ft = 12 in)。

基础到飞跃

其他的长度单位还有:光年(真空状态下光 1 年所走过的距离)、天文单位、拍米、兆米、千米、分米、厘米、毫米、丝米、忽米、微米、纳米、皮米、飞米、阿米等。它们同米的换算关系如下:

1 光年 $= 9.46 \times 10^{15}$ 米(1 Ly $= 9.46 \times 10^{15}$ m)。

1 尧米 $= 1 \times 10^{24}$ 米(1 Ym $= 1 \times 10^{24}$ m)。

1 泽米 $= 1 \times 10^{21}$ 米(1 Zm $= 1 \times 10^{21}$ m)。

1 艾米 $= 1 \times 10^{18}$ 米(1 Em $= 1 \times 10^{18}$ m)。

1 拍米 $= 1 \times 10^{15}$ 米(1 Pm $= 1 \times 10^{15}$ m)。

1 垓①米 $= 1 \times 10^{12}$ 米(1 Tm $= 1 \times 10^{12}$ m)。

1 京②米 $= 1 \times 10^{9}$ 米(1 Gm $= 1 \times 10^{9}$ m)。

1 兆③米 $= 1 \times 10^{6}$ 米(1 Mm $= 1 \times 10^{6}$ m)。

1 千米 $= 1 \times 10^{3}$ 米(1 km $= 1 \times 10^{3}$ m)。

1 百米 $= 1 \times 10^{2}$ 米(1 hm $= 1 \times 10^{2}$ m)。

1 十米 $= 1 \times 10^{1}$ 米(1 dam $= 1 \times 10^{1}$ m)。

1 米 $= 1 \times 10^{0}$ 米(1 m $= 1 \times 10^{0}$ m)。

1 分米 $= 1 \times 10^{-1}$ 米(1 dm $= 1 \times 10^{-1}$ m)。

1 厘米 $= 1 \times 10^{-2}$ 米(1 cm $= 1 \times 10^{-2}$ m)。

1 毫米 $= 1 \times 10^{-3}$ 米(1 mm $= 1 \times 10^{-3}$ m)。

1 丝米 $= 1 \times 10^{-4}$ 米(1 dmm $= 1 \times 10^{-4}$ m)。

1 忽米 $= 1 \times 10^{-5}$ 米(1 cmm $= 1 \times 10^{-5}$ m)。

1 微米 $= 1 \times 10^{-6}$ 米(1 μm $= 1 \times 10^{-6}$ m)。

1 纳米 $= 1 \times 10^{-9}$ 米(1 nm $= 1 \times 10^{-9}$ m)。

1 埃米 $= 1 \times 10^{-10}$ 米(1 Å $= 1 \times 10^{-10}$ m)。

1 皮米 $= 1 \times 10^{-12}$ 米(1 pm $= 1 \times 10^{-12}$ m)。

1 飞米 $= 1 \times 10^{-15}$ 米(1 fm $= 1 \times 10^{-15}$ m)。

1 阿米 $= 1 \times 10^{-18}$ 米(1 am $= 1 \times 10^{-18}$ m)。

1 仄米 $= 1 \times 10^{-21}$ 米(1 zm $= 1 \times 10^{-21}$ m)。

1 幺米 $= 1 \times 10^{-24}$ 米(1 ym $= 1 \times 10^{-24}$ m)。

---

①在四位分级法中,万京为垓,1 垓 $= 10^{20}$;②在四位分级法中,万兆为京,1 京 $= 10^{16}$;③在四位分级法中,万亿为兆,1 兆 $= 10^{12}$。

国际单位制中,时间的基本单位为"秒",用符号"s"表示。有时也会借用英文缩写表示为 sec。

时间一般以 60 进制的分、时和 24 进制的日作为秒的扩充。

1 小时 = 3600 秒(1 h = 3600 s)。

1 分钟 = 60 秒(1 min = 60 s)。

1 日 = 24 小时(1 d = 24 h)。

速度的单位是长度单位和时间单位的合成单位,在国际单位制中其基本单位是米/秒(m/s)。速度单位换算时将长度单位和时间单位分别计算,重新合成即可。如:

$$1 \text{ 千米/小时} = \frac{1 \text{ 千米}}{1 \text{ 小时}} = \frac{1000 \text{ 米}}{3600 \text{ 秒}} = \frac{5}{18} \text{ 米/秒}。$$

$$1 \text{ km/h} = \frac{1 \text{ km}}{1 \text{ h}} = \frac{1000 \text{ m}}{3600 \text{ s}} = \frac{5}{18} \text{ m/s}。$$

**思维愈合**　通过隧道,就是以火车头进入隧道起,以火车尾离开隧道止,那么火车通过隧道时所行驶的路程就是火车的长度加上隧道的长度。

**全面恢复**　解:144 千米/小时 = 40 米/秒。

$40 \times 20 - 500 = 300$(米)

答:这座隧道长 300 米。

**例 2**　寒假期间,王思博和谭希嫒准备搞一次农活体验,他们约好陈大伯要去他家的小麦地施肥。陈大伯家的小麦地长 400 米、宽 200 米,地的正中间被暴雨冲出了一个圆形的坍塌区域,从坍塌区域切线位置到右边边沿的距离为 160 米,见图 1-3-2-1。已知三人共施肥 2.5 吨,那么平均每公顷地施肥多少千克?

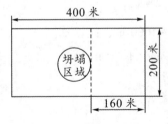

图 1-3-2-1

**基础延伸**　国际单位制中,面积的基本单位为"平方米",用符号"$m^2$"表示。

边长是 1 毫米的正方形,面积是 1 平方毫米;

边长是 1 厘米的正方形,面积是 1 平方厘米;

边长是 1 分米的正方形,面积是 1 平方分米;

边长是 1 米的正方形,面积是 1 平方米;

边长是 1 千米的正方形,面积是 1 平方千米。

100 进率的面积单位的换算:

1 平方千米 = 100 公顷（1 km² = 100 ha 或 100 hm²）;

1 公顷 = 100 公亩（1 ha 或 1 hm² = 100 are）;

1 公亩 = 100 平方米（1 are = 100 m²）;

1 平方米 = 100 平方分米（1 m² = 100 dm²）;

1 平方分米 = 100 平方厘米（1 dm² = 100 cm²）;

1 平方厘米 = 100 平方毫米（1 cm² = 100 mm²）。

其他面积单位的换算:

1 公顷 = 15 亩 = 10000 平方米;

1 亩 = $\frac{2000}{3}$ 平方米 ≈ 666.67 平方米。

面积单位为两个长度单位相乘得来,其他不常见的面积单位的换算可自行推导。

国际单位制中,质量的基本单位为"千克",用符号"kg"表示。常用的质量单位换算如下:

1 吨 = 1000 千克（1 t = 1000 kg）;

1 公担 = 100 千克（1 q = 100 kg）;

1 担 = 50 千克 = 100 斤;

1 千克 = 1000 克（1 kg = 1000 g）;

1 克 = 1000 毫克（1 g = 1000 mg）;

1 毫克 = 1000 微克（1 mg = 1000 μg）;

1 千克 = 2 斤;

1 斤 = 500 克;

1 两 = 50 克;

1 钱 = 5 克;

1 克拉 = 0.2 克;

1 磅 = 16 盎司 = 453.59 克。

**思维愈合** 要计算平均每公顷的施肥千克数,只要知道施肥总千克数和以公顷为单位的施肥面积,将两者相除即可。

**全面恢复** 解:2.5 吨 =2.5×1000 千克 =2500 千克。

由坍塌区域在小麦地正中可以计算出坍塌圆半径:

$$r = \frac{400}{2} - 160 = 40(\text{米})。$$

施肥面积:

$$S = ab - \pi r^2$$
$$= 400 \times 200 - \pi \times 40^2$$
$$= 80000 - 1600\pi(\text{平方米})$$
$$= 8 - 0.16\pi(\text{公顷})。$$

每公顷施肥量为:

$$2500 \div (8 - 0.16\pi) \approx 333.45(\text{千克/公顷})$$

答:平均每公顷地施肥 333.45 千克。

## 提升

**例3** 现在流行各种电子红包,如支付宝红包、QQ 红包、微信红包、微博红包等。王思博期末考试名列全年级第一,获得奖学金 1000 元。他不忘班里同学对他的帮助和支持,于是在微信中包了一个总额为 99 元、人数为 24 人的手气红包,不一会儿就被抢完了。被抢完后他发现,第一个人抢的最少,后一个人总比前一个人抢的多,而且相邻的两个人相差的金额都一样多。他数到第 9 个人时,显示是 2 元 9 角,那么,相邻的两个人到底差多少钱呢?

**基础延伸** 人民币是中华人民共和国的法定货币。人民币的单位有元(圆)、角、分,其中元为主币,角、分为辅币。

人民币的单位换算为 10 进率:

1 元 =10 角;

1 角 =10 分。

人民币的小写、大写对照如下:

〇/零、一/壹、二/贰、三/叁、四/肆、五/伍、六/陆、七/柒、八/捌、九/玖、十/拾、二十/廿(niàn)、三十/卅(sà)、百/佰、千/仟、万/万、亿/亿等,廿、卅这两个字一般不在正式场合使用。

人民币单位元(圆)、角、分前数字不区分大小写,中文大写金额前面必须紧

邻人民币三个字,数字到"元"为止的,在"元"之后、应写"整"(或"正")字;在"角"之后为止的,可以不写"整"(或"正")字;大写金额数字有"分"的,"分"后面不写"整"(或"正")字。

如果一个数列从第二项起,每一项与它的前一项的差等于同一个常数,这个数列就叫作等差数列,等差数列的求和公式为:

$$总和 = (首项 + 末项) \times 项数 \div 2$$

据此可推导出首尾和公式:

$$首项 + 末项 = 总和 \times 2 \div 项数$$

等差数列的每一项依次写为 $a_1, a_2, a_3, \cdots, a_n$,每一项与它前一项的差为这个数列的公差,用字母 $d$ 表示,则数列的通项公式为:

$$a_n = a_1 + (n-1)d$$

它的前 $n$ 项和为:

$$S_n = a_1 + a_2 + a_3 + \cdots + a_n$$
$$= a_1 + (a_1 + d) + (a_1 + 2d) + \cdots + [a_1 + (n-1)d]$$
$$= na_1 + d + 2d + 3d + \cdots + (n-1)d$$
$$= na_1 + \frac{n(n-1)}{2}d$$

任意两项的关系为:

$$a_n = a_m + (n-m)d$$
$$a_n - a_m = (n-m)d$$

由此推导出公差的计算方法为:

$$d = \frac{a_n - a_m}{n-m}$$

**思维愈合**　首项 + 末项 = 第 2 项 + 倒数第 2 项 = 第 3 项 + 倒数第 3 项 = ……

倒数第 1 项 = 第(总项数 − 1 + 1)项

倒数第 $n$ 项 = 第(总项数 − $n$ + 1)项

**全面恢复**　解:99 元 = 9900 分,2 元 9 角 = 290 分。

第 9 人和倒数第 9 人领取的钱数总和为:

9900 × 2 ÷ 24 = 825(分)。

倒数第 9 人,即第 24 − 9 + 1 = 16 人,领取的钱数为:

825 − 290 = 535(分)。

相邻两人相差的钱数为:

$$\frac{535-290}{16-9}=35(分)。$$

答:相邻的两个人相差 3 角 5 分。

**例 4** 怎样用 7 升和 3 升的容器从水池中舀取 5 升的水?

**基础延伸** 体积的国际单位制是立方米。常用的体积单位有:立方米、立方分米、立方厘米等。计算容积一般用容积单位,如升和毫升。计算较大物体的容积时,也要用立方米。用升和毫升作为单位计算物体的体积时,只限于液体和气体。

棱长是 1 毫米的正方体,体积是 1 立方毫米;

棱长是 1 厘米的正方体,体积是 1 立方厘米;

棱长是 1 分米的正方体,体积是 1 立方分米;

棱长是 1 米的正方体,体积是 1 立方米。

体积单位的换算:

1 立方米 =1000 立方分米($1 \text{ m}^3 = 1000 \text{ dm}^3$);

1 立方分米 =1000 立方厘米($1 \text{ dm}^3 = 1000 \text{ cm}^3$);

1 立方厘米 =1000 立方毫米($1 \text{ cm}^3 = 1000 \text{ mm}^3$);

1 升 =1 立方分米($1 \text{ L} = 1 \text{ dm}^3$);

1 毫升 =1 立方厘米($1 \text{ mL} = 1 \text{ cm}^3$)。

**思维愈合** 用容器取水的题可以转化为加减法算式题,就是用已知容器的容积数经过有限次的加减运算,得到目标体积数。如本题中已知的容积数为 7 和 3,目标体积数为 5,算式之一为 7 - [3 - (7 - 3 - 3)] = 5。我们只要找到这个式子的合理叙述即可。当然了,并非所有的算术式都可行。

**全面恢复** **解:**将 7 升的容器装满水,倒入 3 升容器直至倒满,此时 7 升容器剩余 4 升水;

将 3 升容器的水倒掉,再将 7 升容器的水倒入 3 升容器直至倒满,此时 7 升容器剩余 1 升水;

将 3 升容器的水倒掉,将 7 升容器的水全部倒入 3 升容器,此时 3 升容器中有 1 升水,还有 2 升的容积;

将 7 升容器再次装满水,倒入 3 升容器直至倒满,则 7 升容器中剩余的水的体积就是 5 升。

# 飞跃

**例 5**  陈嘉怡买了一块二手的全自动机械表,由于保养不当,游丝出现了故障,每小时要快 2 分钟。她早上 8 点的时候把手表对准了标准时间,那么当手表走到中午 12 点的时候,标准时间是多少呢?

**基础延伸**  全自动机械表是靠手臂的摆动而自动上弦的机械表,其控制走时精度的是摆轮机构。摆轮由一只由轮辐支撑的环形凸轮组成,摆轮和游丝是机械表的调速机构。游丝使用时表面会有极少的一层机械油,如果使用时间久了,表内就会留有灰尘等异物,游丝之间就会发生粘黏,使游丝的有效长度变短,导致摆频上升,机械表走快。

研究指针类表盘上时针和分针关系的问题称为时钟问题。

表盘可划分为 12 个大格和 60 个小格,如图 1 - 3 - 5 - 1。

图 1 - 3 - 5 - 1

分针绕表盘走一圈,即 12 大格(60 小格),时针走 1 大格(5 小格),能得到分针和时针的速度比为 12∶1 或 60∶5。

分针每分钟走 1 小格,60 小格为 360 度,故分针每分钟走 6 度。通过速度比 12∶1 即可求出时针每分钟走 0.5 度。

由追及问题我们知道,追及时间 = 相差距离 ÷ 速度差,我们把这个公式拓展到时钟问题也同样成立,即追及时间 = 差度 ÷ 速度差,这里的追及时间指的是它们从不重合到第一次重合的时间,而我们知道分针和时针的速度分别为每分钟 6 度和每分钟 0.5 度,故这个公式写为:

$$追及时间 = 差度 ÷ 5.5$$

本公式所算的时间单位为分,差度含义为分针顺时针方向转到时针所在位置时所转的转角,详见图 1 - 3 - 5 - 2。

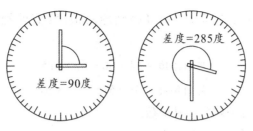

图 1 - 3 - 5 - 2

3 点整时差度为 90 度,3 点半时差度为 $180 + 90 \div 15 = 285$（度）。

用"追及时间 = 差度 ÷ 5.5"这个公式,我们可以算出当差度为 360 度时的追及时间 = 360 ÷ 5.5,而这个时间也就是分针和时针重合的时间间隔（我们称之为周期）：

$$T = \frac{360}{5.5} = 65 \frac{5}{11}（\text{分}）。$$

时针走一圈与分针重合次数：

$$\frac{12 \times 60}{T} = \frac{12 \times 60 \times 5.5}{360} = 11（\text{次}）。$$

由相遇问题我们知道,相遇时间 = 路程和 ÷ 速度和,我们同样将此拓展到时钟问题,即相遇时间 = 和度 ÷ 速度和,这里的分针和时针的速度也同样分别为每分钟 6 度和每分钟 0.5 度,所以它们的速度和为每分钟 6.5 度,公式可写为：

相遇时间 = 和度 ÷ 6.5

和度的含义就是分针和时针相遇后所走的度数之和,详见图 1 - 3 - 5 - 3。

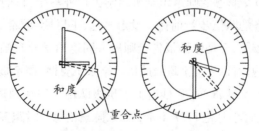

图 1 - 3 - 5 - 3

有关时针和分针的夹角（不考虑大于 180 度的角）计算,一般以 12 点整为起始点分别计算出时针和分针的角度,再进行相减即可得到所要的度数。

夹角角度 = |时 ×30 - 分 ×5.5|

式中,"| |"为绝对值符号。绝对值是指一个数在坐标轴上所对应点到原

点的距离。对于小学生来说，未接触到绝对值，我们就把它分解成两个公式，即：

$$夹角角度 = 时 \times 30 - 分 \times 5.5$$

$$夹角角度 = 分 \times 5.5 - 时 \times 30$$

哪个值较大，哪个就作为被减数。

例如 7 点 55 分的夹角角度为：

$$55 \times 5.5 - 7 \times 30 = 92.5(度)。$$

**思维愈合** 这道题很容易进入一个误区，每小时快 2 分，从 8 点到 12 点共 4 小时，共快 8 分钟，于是得到标准时间为 11 点 52 分的错误答案。

1 小时快 2 分，就是说标准时间 60 分钟，这只机械表走了 62 分，因而当机械表从 8 点走到 12 点的时候，每走 1 个 62 分就是标准时间的 60 分，那么算出它走了多少个 62 分即可知道标准时间是多少：

$$4 \times 60 \div 62 = 3\frac{27}{31}(时) = 3 \text{ 小时 } 52\frac{8}{31}分。$$

**全面恢复** 解：$4 \times 60 \div 62 = 3\frac{27}{31}(时)$，

$$3\frac{27}{31}时 = 3 \text{ 时 } 52\frac{8}{31}分，$$

$$8 \text{ 时 } + 3 \text{ 时 } 52\frac{8}{31}分 = 11 \text{ 时 } 52\frac{8}{31}分。$$

答：标准时间为 11 时 $52\frac{8}{31}$分。

**例6** 元旦节艾露恩老师组织全班同学去户外写生，目的地不是很远，老师就让大家排成整齐的队伍步行前往。没走多远，王思博、谭希媛和陈嘉怡发现自己的画笔落在学校了，于是他们报告老师后一同返回学校拿画笔，拿到画笔后王思博要求三人赛跑，看谁先追上班级队伍。结果王思博、谭希媛、陈嘉怡分别用了 5 分 50 秒、7 分 17.5 秒、8 分 20 秒追上了班级队伍。现在知道王思博每小时跑 13.5 千米，谭希媛每小时跑 11.7 千米，那么，陈嘉怡每小时跑多少千米？

**基础延伸** 本题是牛吃草问题的应用延伸，类似的还有水库抽水、漏船淘水、排队检票问题等，原草量分别为初始距离、初始储水量、初始漏水量、初始排队人数，新增的草量分别为追及时间中新增的距离、抽水过程中新注入的水量、淘水过程中新漏入的水量、检票过程中新来的旅客数，牛头数分别为追及的速度、抽水的水泵数、淘水的人数、检票的入口数。

计算这类问题的基本公式：

$$草的生长速度 = \frac{长时间 \times 对应牛头数 - 短时间 \times 对应牛头数}{长时间 - 短时间}$$

$$原草量 = 时间 \times 对应牛头数 - 时间 \times 草的生长速度$$

**思维愈合** 本题中草的生长速度为班级队伍的步行速度，原草量为三人拿到画笔后赛跑开始时与班级队伍的距离，也就是说牛在吃草，草在生长，他们在追队伍，队伍在前进，理清这个思路后，解此题就不难了。

先将以下单位换算一下：

$$5 \text{ 分 } 50 \text{ 秒} = \frac{5}{60} \text{时} + \frac{50}{3600} \text{时} = \frac{7}{72} \text{时},$$

$$7 \text{ 分 } 17.5 \text{ 秒} = \frac{7}{60} \text{时} + \frac{17.5}{3600} \text{时} = \frac{35}{288} \text{时},$$

$$8 \text{ 分 } 20 \text{ 秒} = \frac{8}{60} \text{时} + \frac{20}{3600} \text{时} = \frac{5}{36} \text{时}。$$

**全面恢复** **解：**为了方便计算，先将单位统一：

$$5 \text{ 分 } 50 \text{ 秒} = \frac{7}{72} \text{时}, \quad 7 \text{ 分 } 17.5 \text{ 秒} = \frac{35}{288} \text{时}, \quad 8 \text{ 分 } 20 \text{ 秒} = \frac{5}{36} \text{时}。$$

将班级队伍的步行速度看作牛吃草问题的草生长速度，将跑步速度看作牛吃草问题的牛头数，于是可以得到班级队伍的步行速度为：

$$\frac{\frac{35}{288} \times 11.7 - \frac{7}{72} \times 13.5}{\frac{35}{288} - \frac{7}{72}} = 4.5(千米/时)。$$

将初始距离看作原草量，则可得初始距离为：

以王思博的速度和时间计算，

$$\frac{7}{72} \times 13.5 - \frac{7}{72} \times 4.5 = \frac{7}{8}(千米)。$$

或以谭希媛的速度和时间计算，

$$\frac{35}{288} \times 11.7 - \frac{35}{288} \times 4.5 = \frac{7}{8}(千米)。$$

得到的结果是一样的，于是我们不难求出陈嘉怡的速度：

$$\frac{7}{8} \div \frac{5}{36} + 4.5 = 10.8(千米/时)。$$

答：陈嘉怡每小时跑 10.8 千米。

# 4. 式与方程

## 基础

**例 1** 求未知数 $x$。

$$\frac{x}{2} + \frac{x}{3} + \frac{x}{12} + \frac{x}{20} + \frac{x}{30} = \frac{5}{6}。$$

**基础延伸** 巩固一下裂变式：

$$\frac{1}{a(a+1)} = \frac{1}{a} - \frac{1}{a+1}(a \neq 0, a+1 \neq 0)。$$

**思维愈合** 将 $x$ 作为一个公因数提取出来,转化成分数加减法问题。

**全面恢复** **解:** 原方程可变为

$$\left(\frac{1}{2} + \frac{1}{3} + \frac{1}{12} + \frac{1}{20} + \frac{1}{30}\right)x = \frac{5}{6}$$

$$\left[\frac{1}{2} + \frac{1}{3} + \left(\frac{1}{3} - \frac{1}{4}\right) + \left(\frac{1}{4} - \frac{1}{5}\right) + \left(\frac{1}{5} - \frac{1}{6}\right)\right]x = \frac{5}{6}$$

$$x = \frac{5}{6}$$

**例 2** 列方程计算。

$5.7$ 的 $2\frac{5}{6}$ 倍比一个数的 $57\%$ 多 $5.7$,这个数是多少?

**基础延伸** 含有未知数的等式就是方程。使等式成立的未知数的值称为方程的"解"或"根"。求方程的解的过程称为"解方程"。方程中,恒等式叫作恒等方程,矛盾式叫作矛盾方程。在未知数等于某特定值时,恰能使等号两边的值相等的称为条件方程。

**思维愈合** 一般用 $x, y, z$ 来表示方程中的未知数。

**全面恢复** **解:** 设这个数为 $x$,根据题意列方程:

$$5.7 \times 2\frac{5}{6} - x \times 57\% = 5.7。$$

解方程,得 $x = 18\frac{1}{3}$。

答:这个数是 $18\frac{1}{3}$。

# 提升

**例3** 用含字母的式子表示数：

王思博花了100元整买钢笔和铅笔送给班上的同学，每个男生(包含他自己)送一支钢笔，每个女生送两支铅笔。已知钢笔的单价是铅笔的单价的10倍，每支钢笔的价格为 $a$ 元，买钢笔总共花去70元。王思博班上共有多少名学生？

**基础延伸** 总价＝单价×数量,本题的总价是钢笔和铅笔分别花费的总价,单价和数量也分别是钢笔和铅笔的单价和数量。

**思维愈合** 班级的人数等于男生人数加上女生人数。男生每人一支钢笔,也就是说男生人数恰好为钢笔数量;而女生每人两支铅笔,故女生人数是铅笔数量的一半。

**全面恢复** 解:钢笔的数量:

$$70 \div a = \frac{70}{a},$$

铅笔的数量:

$$(100-70) \div (a \div 10) = \frac{300}{a},$$

全班人数:

$$\frac{70}{a} + \frac{300}{a} \div 2 = \frac{220}{a}。$$

**例4** 艾露恩老师按照一个规律写了6个数,这个规律就是从第三个数起,每个数都是它前面第一个数的2倍与它前面第二个数的和,如果用 $a,b,c$ 来表示三个相邻的数,那么这个规律表示为 $c = 2b + a$。艾露恩老师写好数字后用卡片遮住了几个数字,被遮住的这些数字到底是几呢?

| × | | × | | 5 | | × | | × | | 70 |

**基础延伸** 如果用 $a,b,c$ 来表示三个相邻的数,$c = 2b + a$,推出 $a = c - 2b$,$b = (c-a) \div 2$。

**思维愈合** $c = 2b + a$ 是表达相对关系的式子,我们一般把其称为递推公式。递推公式中设未知数时一般设在中间位置,这样可以使表达式不至于太过复杂。如本题中将第4个数设为未知数 $x$,再用含 $x$ 的式子表示其他数即可。

25

题中 5 用于列表达式，70 则用来计算。

**全面恢复** 解：设第 4 个数为 $x$，则第 5 个数为 $2x+5$，连续的 $x,2x+5,70$ 三个数满足递推公式 $c=2b+a$，所以有

$$70=2(2x+5)+x,$$

解得 $x=12$。

$$2\times12+5=29,$$

$$12-2\times5=2,$$

$$5-2\times2=1。$$

答：被遮住的数字依次是 1、2、12、29。

# 飞跃

**例 5** 现规定一个新的运算符"$\Delta$"满足下面式子：

$$\frac{1}{u\Delta v}=\frac{1}{u}+\frac{1}{v},u\neq0,v\neq0。$$

当 $u\Delta2=1.6$ 时，$u$ 的值是多少？

**基础延伸** 初中物理中会接触到薄透镜的焦距公式，即 $\frac{1}{f}=\frac{1}{u}+\frac{1}{v}$，其中 $f$ 为焦距，$u$ 为物距，$v$ 为像距。

**思维愈合** 本题相当于求焦距为 1.6、像距为 2 时，物距是多少。

**全面恢复** 解法一：将 $u\Delta2=1.6$，$v=2$ 代入原式得

$$\frac{1}{1.6}=\frac{1}{u}+\frac{1}{2},$$

$$\frac{1}{u}=\frac{1}{1.6}-\frac{1}{2}=\frac{1}{8},$$

$$u=8。$$

解法二：将原式进行变换。

$$\frac{1}{u\Delta v}=\frac{1}{u}+\frac{1}{v}=\frac{u+v}{uv},$$

$$u\Delta v=\frac{uv}{u+v},$$

$$u\Delta2=\frac{2u}{u+2}=1.6,$$

$$2u = 1.6(u+2),$$

$$u = 8。$$

**例6** 如图 1-4-6-1 所示,两条与正北方向成 45° 角的交叉路互相垂直,王思博距离路口中心 1000 米,谭希媛距离路口中心 200 米。王思博由东南向西北,谭希媛由西南向东北,同时行走,4 分钟后,谭希媛在王思博的正北方向,又走了 16 分钟后,谭希媛在王思博的正东方向。那么,王思博和谭希媛两人每分钟各走多少米?

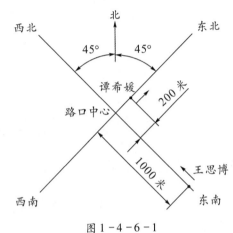

图 1-4-6-1

**基础延伸** 东、南、西、北为四个基本方位,东南、东北、西南、西北为四个中间方位,上、下、左、右、前、后为相对方位。在地理学中,东是与地球自转一致的方向,西是与地球自转相反的方向,东西方向也是纬线圈的方向。东西方向在地球上是没有尽头的,如果我们沿着纬线方向自某地出发,一直朝东方走去,只是绕着纬线圈转圈。相反,地球上的南北方向却是有尽头的,当我们从赤道出发向正北或向正南一直走去,最后将走到北极或南极,越过北极或南极,方向将发生改变。在北极点和南极点上,没有东、西两个方向,在北极点上任何一个方向都是南方,在南极点上任何一个方向都是北方。

**思维愈合** 4 分钟后,谭希媛在王思博的正北方向,通过两人所在的点连线,与道路组成一个等腰直角三角形,说明此时两人距路口中心的距离是相等的,如图 1-4-6-2 所示,也就是说 4 分钟两人走过的路程之和为(1000 - 200)米;又过了 16 分钟,谭希媛在王思博的正东方向,通过两人所在的点连线,与道路组成另一个等腰直角三角形,说明此时两人距路口中心的距离再一次相等,如图 1-4-6-3 所示,也就是说(4 + 16)分钟两人走过的路程之差为

（1000＋200）米,理清这个思路,就不难解此题了。

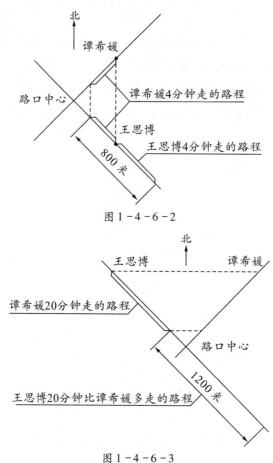

图1-4-6-2

图1-4-6-3

**全面恢复** 解法一:用算术式计算。

两人4分钟走的路程和:

1000－200＝800(米)。

则两人20分钟走的路程和:

800÷4×(4＋16)＝4000(米)。

王思博20分钟多走的路程:

1000＋200＝1200(米)。

则谭希媛20分钟走的路程:

$$\frac{4000－1200}{2}＝1400(米)。$$

谭希媛的速度:

$1400 \div (4 + 16) = 70(米/分)$。

王思博的速度:

$800 \div 4 - 70 = 130(米/分)$。

解法二:用一元一次方程,设王思博每分钟走 $x$ 米,则谭希媛每分钟走 $[(1000 - 200) \div 4 - x]$ 米,由题意可列方程

$\{x - [(1000 - 200) \div 4 - x]\} \times (4 + 16) = 1000 + 200$。

解方程,得

$x = 130$。

$(1000 - 200) \div 4 - 130 = 70(米/分)$。

解法三:用二元一次方程,即设两个未知数,列两个方程构成方程组,此解法仅供参考。

设王思博每分钟走 $x$ 米,谭希媛每分钟走 $y$ 米,根据题意列方程组:

$$\begin{cases} 4(x + y) = 1000 - 200 \\ (4 + 16)(x - y) = 1000 + 200 \end{cases},$$

方程可化简为 $\begin{cases} x + y = 200 \\ x - y = 60 \end{cases}$,

解方程得 $\begin{cases} x = 130 \\ y = 70 \end{cases}$。

答:王思博每分钟走 130 米,谭希媛每分钟走 70 米。

# 5. 比和比例

## 基础

**例1** 填空。

$(\quad) \div 36 = 0.75 = (\quad)\% = \dfrac{21}{(\quad)} = (\quad) : 44$。

**基础延伸** 两个数相除,又叫两个数的比,比一般写成 $a : b$ 或 $\dfrac{a}{b}$ 的形式。

表示一个数是另一个数的百分之几的数叫百分数。百分数也叫作百分率或百分比,通常不写成分数的形式,而采用百分号(%)来表示。百分数只表示两个数的关系,所以百分号后不可以加单位,例如不能说 50% 米。

**思维愈合** 找到式中最简分数作为每一部分的值,然后利用分数的基本性质进行计算填空。

$$0.75 = 0.75 \times 100\% = (0.75 \times 100)\% = 75\%,$$

$$0.75 = \frac{3}{4} = \frac{3 \times 9}{4 \times 9} = \frac{27}{36} = \frac{3 \times 7}{4 \times 7} = \frac{21}{28} = \frac{3 \times 11}{4 \times 11} = \frac{33}{44}。$$

**全面恢复** **解:**根据分数的基本性质得

$$27 \div 36 = 0.75 = 75\% = \frac{21}{28} = 33 : 44。$$

**例2** 如图 $1-5-2-1$ 所示,大正方形的面积为 100 平方厘米,空白的四个三角形完全相等,且 $a : b = 3 : 7$,阴影部分与空白部分的面积之差为多少?

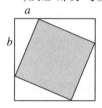

图 $1-5-2-1$

**基础延伸** 正方形面积 = 边长 × 边长,三角形面积 = 底 × 高 ÷ 2。

**思维愈合** 根据比例求出三角形的底和高,即可算出三角形的面积;再由正方形的面积减去四个三角形的面积之和即可获得阴影部分的面积。

**全面恢复** **解法一:**由正方形的面积为 100 平方厘米可知

$a + b = 10$(厘米)。

$a = \dfrac{3}{3+7}(a+b) = 3$(厘米),$b = 10 - 3 = 7$(厘米)。

于是三角形的面积:$\dfrac{ab}{2} = 10.5$(平方厘米),

空白部分面积:$10.5 \times 4 = 42$(平方厘米),

阴影部分面积为:$100 - 42 = 58$(平方厘米),

阴影部分与空白部分面积之差:$58 - 42 = 16$(平方厘米)。

解法二:画辅助线,将阴影部分分割成四个三角形和一个小正方形,如图 $1-5-2-2$ 所示,小正方形面积即为阴影部分和空白部分的面积之差。

图 $1-5-2-2$

我们知道 $a+b=10$，$a:b=3:7$，

所以 $a=3$，$b=7$。

小正方形的边长为：$b-a=4$（厘米）。

小正方形的面积，也就是阴影部分与空白部分的面积之差：

$4 \times 4=16$（平方厘米）。

注：运算过程中，数字不含单位的，计算出的结果带单位时要加小括号；字母本身代表长度的时候，运算结果后的数字带单位时可以不加小括号，例如长度为 $a$ 与长度为 $a$ 厘米，需要区分对待，前一个 $a$ 代表长度，本身含有单位，后一个 $a$ 仅代表一个数值，本身不含单位，需要后缀一个单位。

## 提升

**例3** 一次家宴上，陈大伯为了庆祝女儿陈嘉怡顺利毕业，破例喝了一次酒。他先倒满一杯56% Vol 的二锅头，喝了四分之一觉得度数有点高，于是添满了水摇匀，喝了三分之一后觉得度数还是有点高，又添满了水，再喝了一半后再次添满水。此时杯中的酒精和水的体积比是多少？他若一口把剩下的这杯酒干了，总共喝的酒精和水的体积比是多少？

**基础延伸** 浓度问题是百分数应用题中较复杂的内容，涉及溶质、溶剂、溶液三方面的关系。在小学的数学题目中，浓度一般分为重量百分浓度和体积百分浓度两大类。重量百分浓度使用频率比较高，常见的有盐水、糖水等，而体积百分浓度常用于酒类。

（1）以下给出浓度的常用公式：

①溶质（盐）＋溶剂（水）＝溶液（盐水）。

②浓度 $=\dfrac{溶质}{溶质＋溶剂} \times 100\% = \dfrac{溶质}{溶液} \times 100\%$。

（2）两种不同浓度溶液混合时：

①A 溶质 ＋B 溶质 ＝混合溶质。

②A 溶剂 ＋B 溶剂 ＝混合溶剂。

③A 溶液 ＋B 溶液 ＝混合溶液。

④混合浓度 $=\dfrac{A \text{溶质}＋B \text{溶质}}{A \text{溶液}＋B \text{溶液}} \times 100\% = \dfrac{混合溶质}{混合溶液} \times 100\%$。

⑤$\dfrac{A \text{溶液}}{B \text{溶液}} = \dfrac{浓度差（B 浓度和混合浓度）}{浓度差（A 浓度和混合浓度）}$。

基础到飞跃

酒的度数表示酒中乙醇的体积百分比,通常是以 20℃时的体积比表示,如 56% Vol 的酒,表示在 100 毫升酒中,含有乙醇 56 毫升(20℃)。酒精度一般是以容量来计算的,故在酒精浓度后,会加上"Vol"来与重量区分。

**思维愈合** 每次喝酒的时候都是满杯喝,而酒精和水能以任意比例相溶,所以每次喝掉的酒占总酒量的比例也就是喝掉的水和酒精占其各自总量的比例。假设这个杯子能装 100 份酒,那么酒精的初始量为 56 份,水则为 (100−56)份,添的水分别是 100/4 份、100/3 份、100/2 份,而酒精一直只是按照比例减少,总量不变。

**全面恢复** 解:设杯子倒满时的酒量为 100 份,则其中酒精的份数为 $100 \times 56\% = 56$(份)。

水的份数为 $100 - 56 = 44$(份)。

最后一杯酒的酒精份数为 $56 \times \left(1 - \dfrac{1}{4}\right) \times \left(1 - \dfrac{1}{3}\right) \times \left(1 - \dfrac{1}{2}\right) = 14$(份)。

此时水的份数为 $100 - 14 = 86$(份)。

此时杯中酒精和水的比为 $\dfrac{14}{86} = \dfrac{7 \times 2}{43 \times 2} = \dfrac{7}{43}$。

水的总量为 $44 + \dfrac{100}{4} + \dfrac{100}{3} + \dfrac{100}{2} = \dfrac{457}{3}$(份)。

总共喝的酒精和水的比为 $\dfrac{56}{\dfrac{457}{3}} = 56 \times \dfrac{3}{457} = \dfrac{168}{457}$。

答:最后一次,酒杯中酒精和水的体积比为 $\dfrac{7}{43}$,总共喝的酒精和水的体积比为 $\dfrac{168}{457}$。

**例 4** 共享单车如雨后春笋般涌现,城市的大街小巷处处可见各种各样的单车。为了满足偏远地区对共享单车的需求,生产厂家需装配出更多的单车部件,以便进行整车装配,投放使用。已知 5 个工人 3 小时能装配出 18 个车架,7 个工人 2 小时能装配出 28 个车轮,现有 110 名装配工人,要使车架、车轮按照 1:2 的数量比装成整车出厂,怎么安排这 110 名工人最为合理?

**基础延伸** 这种配套问题最为合理的解释一般都是相同时间内完成的工作量恰好满足配套要求,与总时间是否最短有所区别,通俗点说,就是应使配套部件在恰好能装配完时没有多余的不成套的部件。本题中若在一定的时间内装配 4 个车架、4 个车轮，那么就有两个车架的多余工作量，只有同时装配的车架和车轮满足 1：2 的数量比时，才叫没有多余的工作量。

**思维愈合** 将车轮和车架的装配效率转化为单位时间的装配量，将车架和车轮的数量转化为 1：2 的关系，此时的工人数量比即为最合理的分配方式。

**全面恢复** 解：5 个工人 1 小时可以装配车架的数量：$18 \div 3 = 6$（个）。

7 个工人 1 小时可以装配车轮的数量：$28 \div 2 = 14$（个）。

此时车架和车轮数量比为 $\dfrac{6}{14} = \dfrac{3}{7}$。

要使 1 小时装配的车架和车轮数量比为 1：2，则工人数量比应为

$$\frac{5}{7} \times \left( \frac{1}{2} \div \frac{3}{7} \right) = \frac{5}{6}。$$

装配车架的人数：$110 \times \dfrac{5}{5+6} = 50$（人）。

装配车轮的人数：$110 - 50 = 60$（人）。

答：安排 50 人装配车架，60 人装配车轮最为合理。

# 飞跃

**例 5** 王思博和谭希媛玩警察抓小偷游戏。已知王思博跑 9 步的路程谭希媛要跑 13 步，但王思博跑 7 步的时间，谭希媛可以跑 9 步。现由王思博扮演警察，由谭希媛扮演小偷。假如王思博在距离谭希媛 20 米的地方开始追，那么王思博需要跑多少米才能追上谭希媛？

**基础延伸** 步距比为相同路程时步数的反比；步速比等于相同时间时步数的比；速度比等于步距比与步速比的乘积。

**思维愈合** 本题中，王思博对于谭希媛的步距比为 13：9，步速比为 7：9，速度比为（$13 \times 7$）：（$9 \times 9$）。

**全面恢复** 解：设王思博追上谭希媛时共跑了 $x$ 米，则谭希媛跑了（$x-20$）米，根据题意列方程：

$$\frac{x}{x-20} = \frac{13 \times 7}{9 \times 9}$$

解方程得 $x = 182$。

答：王思博追上谭希媛需要跑 182 米。

**例6** 甲、乙两车分别从 A、B 两地同时驶出，相向而行。起初甲、乙两车的速度比为 5∶4。第一次相遇后，甲车提速 20%，乙车提速 25%。这样当甲车到达 B 地时，乙车距离 A 地还有 1 千米。那么 A、B 两地相距多少千米？

**基础延伸** 行程问题是小学数学、小学奥数乃至公务员考试中的一大基本问题，它是问题类型较多的题型之一，包括多人行程、二次相遇、多次相遇、火车过桥(穿越隧道、错车、超车等与此类似)、流水行船、环形跑道、钟面行程、走走停停、接送问题等。

(1)行程问题的基本公式：

速度 × 时间 = 路程，$\dfrac{路程}{时间}$ = 速度，$\dfrac{路程}{速度}$ = 时间。

(2)流水问题的基本公式：

①顺水速度 = 船速 + 水速。

②逆水速度 = 船速 − 水速。

③船速 = $\dfrac{顺水速度 + 逆水速度}{2}$。

④水速 = $\dfrac{顺水速度 − 逆水速度}{2}$。

(3)追及问题的基本公式：

速度差 × 时间 = 路程差。

(4)火车过桥/隧道的基本公式：

①$\dfrac{桥长 + 车长}{速度}$ = 过桥时间。

②$\dfrac{隧道长 + 车长}{速度}$ = 通过隧道时间。

③$\dfrac{A 车长 + B 车长}{速度和}$ = 错车时间。

④$\dfrac{A 车长 + B 车长}{速度差}$ = 超车时间。

(5)行程问题易错思维：

在 A、B 两地往返的速度分别为 $a$、$b$，那么平均速度是多少？

上山速度和下山速度分别为 $a$、$b$，那么平均速度是多少？

错误算法：平均速度 = $\dfrac{a+b}{2}$(算术平均数)。

万变不离其宗,按照基本概念计算一般都是正确的:

$$平均速度 = \frac{总路程}{往返时间和}$$

我们设单面路程为单位"1",则平均速度的公式如下:

$$平均速度 = \frac{2}{\frac{1}{a} + \frac{1}{b}}(调和平均数)$$

我们分析发现,此类分段是把路程平均分成两半的类型,这种类型的平均速度不能用算术平均数表示,而要用调和平均数作为平均速度。只有当分段是把时间平均分成两半的类型才可以用算术平均数作为平均速度。

**思维愈合** 相遇时两车走过的路程比为其速度比,两车走过的路程和为初始距离。本题的难点就在于由相遇前的速度比确定相遇后两车的路程比,以及两车提速后的速度比。两车相遇后,直到甲车到达 B 地,乙车距离 A 地还有 1 千米时,所消耗的时间相等,也就是说它们相遇后的速度比就等于它们相遇后的路程比。

**全面恢复** **解**:设 A、B 两地相距 $x$ 千米,则相遇时甲行驶的距离为 $\frac{5}{9}x$ 千米,乙行驶的距离为 $\frac{4}{9}x$ 千米。相遇后,甲走完了乙行驶的 $\frac{4}{9}x$ 千米,而乙只行驶了 $\left(\frac{5}{9}x - 1\right)$ 千米,由题意列方程:

$$\frac{5 \times (1 + 20\%)}{4 \times (1 + 25\%)} = \frac{\frac{4}{9}x}{\frac{5}{9}x - 1}$$

解方程得,$x = 5.4$。

答:A、B 两地相距 5.4 千米。

# 6. 探索规律

## 基础

**例 1** 观察有规律的一列数:1,1,2,3,3,5,4,7,5,9,6,11,…这列数中,第 2018 个数是多少?

**基础延伸** 数列中常见的规律一般可以从相邻的两个数的差或比值中找,

又或者是以组为单位找到其内在关系,还有一些需要对数列进行拆分。

等差数列的通项公式:

$a_n = a_1 + (n-1)d$,其中 $a_n$ 表示第 $n$ 个数,$a_1$ 表示第 1 个数,$d$ 表示公差,即每一个数与它前一个数的差。

等差数列的前 $n$ 项和公式:$S_n = \dfrac{n(a_1 + a_n)}{2} = na_1 + \dfrac{n(n-1)}{2}d$。

**思维愈合** 仔细观察数列,将奇数项和偶数项进行拆分,得到两个新的数列:1,2,3,4,5,6,…和1,3,5,7,9,11,…原数列的第 2018 项也就是偶数项新数列的第 1009 项,我们只需要计算数列 1,3,5,7,9,11,…的第 1009 项即可。

**全面恢复** 解:偶数项组成的新数列为等差数列,其首项为 1,公差为 2,第 1009 项和原数列的第 2018 项相等。

$a_{1009} = 1 + (1009 - 1) \times 2 = 2017$。

答:原数列第 2018 个数为 2017。

**例 2** 王思博在一个正方形的围棋棋盘格子里摆硬币,先把最外层摆满,用了 68 枚硬币,他若要把整个棋盘摆满,还需要多少枚硬币?

**基础延伸** 围棋棋盘由纵横 19 条线构成 361 个交叉点,最外边的线称为边线。为了便于识别棋子的位置,棋盘上画了 9 个点,称为星位,中央的星位又称为"天元"。现今的棋盘中 19×19、13×13、9×9 较为普遍,15×15、17×17 比较罕见。正式比赛所用棋盘为 19×19,其他作为教学和练习用。

**思维愈合** 根据外层格子总数 68 计算出外层格子的行数和列数为(68÷4+1),即可推算出第二层格子的行数和列数为(68÷4+1-2)。

**全面恢复** 解:$(68 \div 4 + 1 - 2)^2 = 16^2 = 256$(枚)。

答:若要把整个棋盘摆满,还需要 256 枚硬币。

## 提升

**例 3** 图 1-6-3-1 中一共有多少个矩形?

图 1-6-3-1

**基础延伸** 一条直线上线段的数量取决于直线上不重合端点的个数。假设有 $n$ 个小线段,那么就有 $(n+1)$ 个端点。由组合的知识可知,线段的个数为从 $(n+1)$ 个端点中选择两点的组合数,即 $C_{n+1}^2 = \dfrac{(n+1) \times n}{2!} = \dfrac{n(n+1)}{2}$。

没有学过组合知识的可以参照以下方法计算:小线段有 $n$ 个,由 2 个小线段组成的线段就有 $(n-1)$ 个,由 3 个小线段组成的线段就有 $(n-2)$ 个,依此类推,由 $n$ 个小线段组成的线段只有 1 个,我们把这些数加起来,即 $n+(n-1)+(n-2)+\cdots+1 = \dfrac{n(n+1)}{2}$。每一个矩形都可以向左边线和下边线投影成两条线段构成的线段组,也就是说矩形的个数就等于左边线线段的个数与下边线线段的个数的乘积。我们设左边线有 $m$ 个小线段,下边线有 $n$ 个小线段,则矩形的个数为 $\dfrac{m(m+1)}{2} \cdot \dfrac{n(n+1)}{2} = \dfrac{mn(m+1)(n+1)}{4}$。

**思维愈合** 分别计算出左边线和下边线的线段个数,再将两数相乘即可。若是三角形,则用底边线的线段个数乘以腰线的线段个数。

**全面恢复** **解:** 由图可知,则矩形的个数为

$$\dfrac{mn(m+1)(n+1)}{4} = \dfrac{5 \times 3 \times (5+1) \times (3+1)}{4} = 90(\text{个})。$$

答:一共有 90 个矩形。

**例 4** 图 $1-6-4-1$ 所示的纵横直线代表路线,标记的两个黑点分别表示王思博的家和学校所在位置。王思博从家到学校有多少条最短路线?图中画"×"的表示周三不通行,那周三王思博从家到学校有多少条最短路线呢?

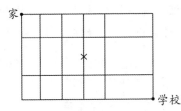

图 $1-6-4-1$

**基础延伸** 杨辉三角是二项式系数在三角形中的一种几何排列。先看几个二项式展开示例:

$$n=0,(x+y)^0 = 1;$$
$$n=1,(x+y)^1 = x+y;$$

$n=2, (x+y)^2 = x^2 + 2xy + y^2;$

$n=3, (x+y)^3 = x^3 + 3x^2y + 3xy^2 + y^3;$

$n=4, (x+y)^4 = x^4 + 4x^3y + 6x^2y^2 + 4xy^3 + y^4;$

$n=5, (x+y)^5 = x^5 + 5x^4y + 10x^3y^2 + 10x^2y^3 + 5xy^4 + y^5;$

......

我们先不管展开后指数的变化,只看系数,我们把这些系数列出来,按照图 1-6-4-2 所示排列即可得到杨辉三角。

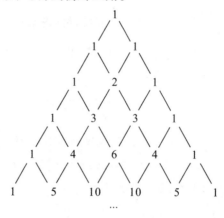

图 1-6-4-2

不难发现,每行起点与结尾的数都为 1,中间每个数都等于它上方两数之和,且每行数字左右对称。

**思维愈合** 我们知道,到达学校必须经过 $A$ 点或者 $B$ 点,如图 1-6-4-3 所示。也就是说,到达学校的路线是到达 $A$ 点和到达 $B$ 点的路线之和,依此类推,我们即可推到起点。这个算法恰好为杨辉三角的加法原理,于是我们可以用杨辉三角的加法原理来计算出每一点的路线数,即可最终推算出到达终点的路线数。

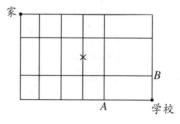

图 1-6-4-3

**全面恢复 解:**利用杨辉三角标记出每点的路线数,出发点相邻的上边线和左边线上的点均为1,虚线代表两数相加,如图1-6-4-4所示。周三的路线如图1-6-4-5所示。

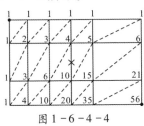
图1-6-4-4

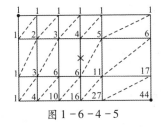
图1-6-4-5

答:王思博从家到学校有56条最短路线,周三则只有44条。

# 飞跃

**例5** 一个由线段构成的平面图有20个顶点和12个区域,那么这个图形有多少条边?

**基础延伸** 在平面图中,顶点数+区域数-边数=1;在立体图中,凸多面体的顶点数+面数-棱数=2。

**思维愈合** 如果知晓顶点数、区域数与边数的关系公式,直接套用公式即可。忘了公式或者不知晓公式的,也可以自己画几个简单的图例来找到这种关系。

**全面恢复** 解:20+12-1=31(条)。

答:这个图形有31条边。

**例6** 将正整数排列如下,那么第101行的第9个数是多少?

$$
\begin{array}{ccccc}
& & 1 & & \\
& 2 & 3 & & \\
& 4 & 5 & 6 & \\
7 & 8 & 9 & 10 & \\
11 & 12 & 13 & 14 & 15 \\
& & \cdots\cdots & &
\end{array}
$$

**基础延伸** $1+2+3+\cdots+99+100=5050$。

这个结果我们并不陌生,直接写出来。此外在这里讨论下正整数前 $n$ 项和 $\dfrac{n(n+1)}{2}$ 与按照等差数列公式计算的 $S_n$ 是否一致:

$$S_n = na_1 + \frac{n(n-1)}{2}d$$

$$= n \times 1 + \frac{n(n-1)}{2} \times 1$$

$$= n + \frac{n^2 - n}{2}$$

$$= \frac{2n + n^2 - n}{2}$$

$$= \frac{n^2 + n}{2}$$

$$= \frac{n(n+1)}{2}$$

计算结果是一致的,本次推导的目的就是进一步提醒同学们$\frac{n(n-1)}{2}$与$\frac{n(n+1)}{2}$并不矛盾,大家在记忆的时候要留意一下。

**思维愈合** 仔细观察数列,第一行有1个数,第二行有2个数,第三行有3个数,第n行有n个数;数列的数字按照正整数有序排列,那么每行的末尾数也正好指示着前面数字的总个数,这个个数也正好是行数的前n项和。掌握了这个规律,我们不难求出第100行的末尾数字为5050,那么第101行的第9个数字就是(5050 + 9)。

**全面恢复** 解:$1 + 2 + 3 + \cdots + 99 + 100 = 5050$,

$5050 + 9 = 5059$。

答:第101行的第9个数是5059。

# 7. 平面图形

## 基础

**例1** 求图 1 - 7 - 1 - 1 中梯形的面积。

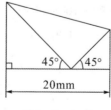

图 1 - 7 - 1 - 1

梯形的面积公式:

$$S_{梯形} = \frac{a+b}{2}h$$

由图我们知道梯形的高为 20 mm,不知道上底和下底各为多少,但是通过等腰直角三角形的相关知识我们知道上底和下底的和恰好等于它的高。

解:$a+b=h=20(\mathrm{mm})$。

$$S_{梯形} = \frac{a+b}{2}h = \frac{20}{2} \times 20 = 200(\mathrm{mm}^2)。$$

**例2** 图 1-7-2-1 中正方形的面积为 72 平方厘米,求阴影部分的面积。(π 按 3.14 计算)

图 1-7-2-1

经过简单计算,我们不难得到以下几种图形中空白部分面积占总面积的比。

图 1-7-2-2 中,$S_{空白}:S_{总} = \pi:4$,$S_{阴}:S_{总} = (4-\pi):4$。

图 1-7-2-2

图 1-7-2-3 中,$S_{空白}:S_{总} = 2:\pi$,$S_{阴}:S_{总} = (\pi-2):\pi$。

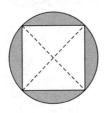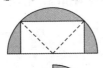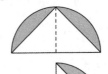

图 1-7-2-3

几种常见平面图形的面积公式:

(1)$S_{矩形} = ab$。

(2)$S_{正方形} = a^2 = \dfrac{l^2}{2}$,$l$ 为对角线长度。

对角线表达面积公式的推导如图 $1-7-2-4$ 所示，实线正方形由 2 个小三角形组成，虚线正方形由 4 个小三角形组成，故实线正方形面积恰好等于虚线正方形面积的一半，即 $a^2 = \dfrac{l^2}{2}$。

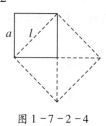

图 $1-7-2-4$

（3）$S_{平行四边形} = ah$。

平行四边形面积公式的推导如图 $1-7-2-5$ 所示，沿着虚线切割阴影部分填补到左侧，构成一个矩形，矩形面积 $ah$ 即为平行四边形面积。

图 $1-7-2-5$

（4）$S_{菱形} = ah = \dfrac{l_1 l_2}{2}$，$l_1$、$l_2$ 为对角线长度。

菱形为特殊的平行四边形，即邻边相等，其底乘高的公式推导同平行四边形，这里不再赘述。现推导对角线表达式，如图 $1-7-2-6$ 所示，将菱形的两条对角线沿着各自垂直的方向平移到 4 个顶点，构成一个外接矩形，矩形由 8 个小三角形组成，菱形由 4 个小三角形组成，故菱形的面积为矩形面积的一半。我们知道平移时，菱形的两条对角线充当了矩形的长和宽，故 $S_{菱形} = \dfrac{1}{2} S_{矩形} = \dfrac{l_1 l_2}{2}$。

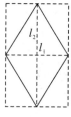

图 $1-7-2-6$

（5）$S_{三角形} = \dfrac{ab}{2} = \sqrt{p(p-a)(p-b)(p-c)}$，$p$ 为半周长。

如图 1-7-2-7 所示,三角形面积为平行四边形面积的一半,即 $S_{三角形} = \frac{1}{2}S_{平行四边形} = \frac{ah}{2}$。后面的公式为海伦公式,式中 $p$ 为半周长,即 $p = \frac{a+b+c}{2}$。海伦公式的证明涉及小学以上的内容,有不同的证明方法,以下就简单地用勾股定理加以说明,供参考。勾股定理讲的是直角三角形中斜边的平方等于两条直角边的平方和。

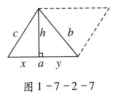

图 1-7-2-7

继续以图 1-7-2-7 为参考,线段 $h$ 将大三角形分成了两个直角三角形,两个直角三角形的斜边分别为 $c$ 和 $b$,对应的直角边分别为 $x,h$ 和 $y,h$,因此我们可以列方程组:$\begin{cases} x+y=a \\ x^2+h^2=c^2 \\ y^2+h^2=b^2 \end{cases}$,

所以 $\begin{cases} x = \dfrac{a^2+c^2-b^2}{2a} \\ y = \dfrac{a^2+b^2-c^2}{2a} \\ h = \dfrac{\sqrt{4a^2b^2-(a^2+b^2-c^2)^2}}{2a} \end{cases}$。

$$S_{三角形} = \frac{1}{2}ah$$

$$= \frac{1}{2}a \times \frac{\sqrt{4a^2b^2-(a^2+b^2-c^2)^2}}{2a}$$

$$= \frac{1}{4}\sqrt{4a^2b^2-(a^2+b^2-c^2)^2}$$

$$= \sqrt{\frac{1}{16} \times 4a^2b^2 - \frac{1}{16}(a^2+b^2-c^2)^2}$$

$$= \sqrt{\left(\frac{ab}{2}\right)^2 - \left(\frac{a^2+b^2-c^2}{4}\right)^2}$$

$$= \sqrt{\left(\frac{ab}{2} + \frac{a^2+b^2-c^2}{4}\right) \times \left(\frac{ab}{2} - \frac{a^2+b^2-c^2}{4}\right)}$$

基础到飞跃

$$= \sqrt{\frac{a^2 + b^2 + 2ab - c^2}{4} \times \frac{c^2 - (a^2 + b^2 - 2ab)}{4}}$$

$$= \sqrt{\frac{(a+b)^2 - c^2}{4} \times \frac{c^2 - (a-b)^2}{4}}$$

$$= \sqrt{\frac{(a+b+c)(a+b-c)}{4} \times \frac{(a+c-b)(b+c-a)}{4}}$$

$$= \sqrt{\frac{a+b+c}{2} \times \frac{a+b-c}{2} \times \frac{a+c-b}{2} \times \frac{b+c-a}{2}}$$

$$= \sqrt{p \times \frac{a+b+c-2c}{2} \times \frac{a+c+b-2b}{2} \times \frac{b+c+a-2a}{2}}$$

$$= \sqrt{p(p-a)(p-b)(p-c)}。$$

（6）$S_{梯形} = \dfrac{a+b}{2}h$。

梯形面积公式推导如图 1-7-2-8 所示，将从两腰中点虚线切割而成的

阴影部分填补到上部，构成一个矩形，矩形的长为 $\dfrac{a+b}{2}$，宽为 $h$，所以 $S_{梯形} =$

$S_{矩形} = \dfrac{a+b}{2}h$。

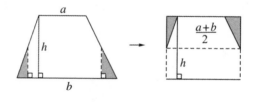

图 1-7-2-8

（7）$S_{圆} = \pi r^2 = \dfrac{\pi d^2}{4}$。

按照如图 1-7-2-9 所示的方式，以圆心为起点，将圆分解成无数等分，

当每一等分足够小时，就可将其看成是一个三角形。将这些三角形重新拼凑成

一个矩形，此时矩形的面积就是圆的面积。矩形的长为圆周长的一半 $\pi r$，宽为

半径 $r$，所以圆的面积可以表示为 $S_{圆} = S_{矩形} = \pi r \times r = \pi r^2$，而 $r = \dfrac{d}{2}$，所以用直径

表示圆的面积为 $S_{圆} = \pi r^2 = \pi \left(\dfrac{d}{2}\right)^2 = \dfrac{\pi d^2}{4}$。

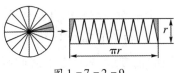

图 1-7-2-9

(8) $S_{扇} = \dfrac{n}{360°}\pi r^2 = \dfrac{lr}{2}$，$n$ 为圆心角的度数，$l$ 为扇形弧长。

(9) $S_{圆环} = \pi(R^2 - r^2) = \pi\delta(D - \delta)$，$\delta$ 为圆环厚度。

推导过程如下：

$$S_{圆环} = \pi R^2 - \pi r^2$$
$$= \pi(R^2 - r^2)$$
$$= \pi(R - r)(R + r)$$
$$= \pi\delta(D - \delta)$$

(10) $S_{椭圆} = \pi ab$，$a$ 为长半轴，$b$ 为短半轴，当 $a = b$ 时，椭圆便成了圆。

**思维愈合** 计算圆面积时，只需要知道半径即可，必要时将半径的平方整体代入，可以达到事半功倍的效果。

**全面恢复** 解法一：$r^2 = 72 \text{ cm}^2$，

$$S_{阴} = 72 - \frac{\pi \times 72}{4} = 15.48(\text{cm}^2)。$$

解法二：比例法。

$$\frac{S_{阴}}{S_{总}} = \frac{4 - \pi}{4}，$$

$$S_{阴} = \frac{4 - \pi}{4} S_{总} = 15.48 \text{ cm}^2。$$

注：$S_{总}$ 是含有单位的量，$\dfrac{4 - \pi}{4}$ 是比，计算结果后面的单位不带括号。

## 提升

**例 3** 图 1-7-3-1 由两个正方形组成，求阴影部分的面积。

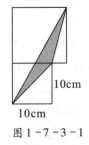

图 1-7-3-1

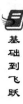

**基础延伸** 同一个正方形的对角线相等且互相垂直平分,每条对角线都平分一组对角,即对角线与四个边的角度都是 45 度。

在同一个平面内,不同的正方形,只要它们之间有一条边平行或垂直或重合,那么这几个正方形的对角线都是互相平行或互相垂直的。

**思维愈合** 利用正方形的对角线平行的特点,可以画出所有同底等高的三角形。画出上方较大正方形从左下向右上方向的对角线 $b$,如图 $1-7-3-2$ 所示,因为两正方形的一条边重合,那么对角线 $b$ 和对角线 $a$ 互相平行,也就是说,$b$ 上的所有点到 $a$ 的距离都等于点 $O$ 到 $a$ 的距离,即阴影部分三角形与较小正方形左上角的三角形同底等高,它们面积相等,所以阴影部分面积为较小正方形面积的一半。

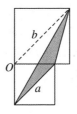

图 $1-7-3-2$

**全面恢复** 解:$S_{阴影} = 10 \times 10 \div 2 = 50 (\text{cm}^2)$。

答:阴影部分的面积为 50 平方厘米。

**例 4** 图 $1-7-4-1$ 中矩形 $ABCD$ 的面积为 90 平方厘米,$E$、$F$、$G$ 为三条边上的中点,$P$ 为边 $CD$ 上任意一点,求阴影部分的面积。

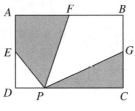

图 $1-7-4-1$

**基础延伸** 在解数学题时,一般是一步一步地寻求必要条件,最后求得结果。对于有些问题,若能根据其具体情况,合理地、巧妙地对某些变化的元素赋值,特别是赋予确定的特殊值,往往能简捷有效地解决问题。做题时可以根据具体情况选择几个具有代表性的值,以提高其正确性。

**思维愈合** 既然 $P$ 为边 $CD$ 上任意一点,我们不妨赋予它特殊的位置,比如 $P$ 为 $CD$ 的中点,又比如和 $C$ 点或 $D$ 点重合,我们就不难看出阴影部分的面积为矩形面积的一半,对于填空题、选择题我们就可以直接快速地得到答案。如果作为计算题,就要画辅助线,把不规则四边形转化成三角形进行求解。

**全面恢复** **解:**连接$AP$,那么求阴影部分面积就转化为求三角形$AEP$、三角形$AFP$和三角形$CGP$面积之和了。

$$S_{阴影} = S_{\triangle AEP} + S_{\triangle AFP} + S_{\triangle CGP} = \frac{1}{2}AE \times DP + \frac{1}{2}AF \times AD + \frac{1}{2}CG \times CP$$

$$= \frac{1}{4}AD \times DP + \frac{1}{4}AB \times AD + \frac{1}{4}AD \times CP$$

$$= \frac{1}{4}AD \times (DP + CP) + \frac{1}{4}AB \times AD$$

$$= \frac{1}{4}AD \times CD + \frac{1}{4}AB \times AD$$

$$= \frac{1}{4} \times 90 + \frac{1}{4} \times 90$$

$$= 45(\text{cm}^2)$$

答:阴影部分的面积为45平方厘米。

# 飞跃

**例5** 如图$1-7-5-1$所示,$A$、$B$、$C$、$D$、$M$为不同的正方形,已知正方形$A$和正方形$D$的边长之和为22,求由几种正方形拼成的矩形的面积。

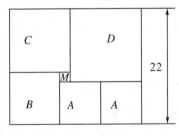

图$1-7-5-1$

**基础延伸** 如果方程组中含有三个未知数,每个方程中含有未知数的项的次数都是一,并且方程组中一共有两个或两个以上的方程,这样的方程组叫作三元一次方程组。解三元一次方程组的基本思路是:通过"代入"或"加减"进行消元,使解三元一次方程组转化为解二元一次方程组,进而转化为解一元一次方程。这与解二元一次方程组的思路是一样的。方程组中,少于3个方程,则无法求出确定的解,故一般的三元一次方程组是由3个方程组成的方程组。

基础到飞跃

**思维愈合** 本题最好理解的方法就是用三元一次方程组来解,但是用到了学生在小学阶段接触不到的知识,其次就是二元一次方程组,当然,也可以用一元一次方程来求解,但是其对思维能力要求较高。一般地,我们可以用对应的小写字母来表示各自的边长,即我们可以用 $a$、$b$、$c$、$d$、$m$ 分别表示正方形 $A$、$B$、$C$、$D$、$M$ 的边长,再进行列式计算。

如本题我们可以得到以下关系:

$b = a + m, c = a + 2m, d = a + 3m, 2a - m = d, a + d = 22$。

**全面恢复** **解:** 设正方形 $A$、$B$、$C$、$D$、$M$ 的边长分别为 $a$、$b$、$c$、$d$、$m$。

解法一:列三元一次方程组。

由图示关系列方程组:$\begin{cases} a + d = 22 \\ 2a - m = d \\ a + 3m = d \end{cases}$。

解法二:列二元一次方程组。

由图示关系列方程组:$\begin{cases} a + (a + 3m) = 22 \\ 2a - m = a + 3m \end{cases}$。

解法三:列一元一次方程。

由图示关系列方程:

$$\frac{3a - 22}{22 - 2a} = \frac{1}{3}。$$

于是可解得 $a = 8$,$d = 22 - 8 = 14$,$m = \dfrac{14 - 8}{3} = 2$,

矩形的长为 $3 \times 8 + 2 = 26$。

矩形的面积为 $26 \times 22 = 572$。

答:矩形的面积为 572。

**例 6** 如图 $1-7-6-1$ 所示,已知三个空白区域的面积分别为 57、77、90,求阴影部分的面积。

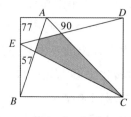

图 $1-7-6-1$

**基础延伸** 矩形中任意一边与对边上任意一点构成的三角形的面积为矩形面积的一半。

**思维愈合** 图中三角形 *ABC* 和三角形 *CDE* 的面积之和为矩形的面积,所以两三角形重合的部分,即阴影部分的面积就等于矩形未被这两个三角形覆盖部分的面积。

**全面恢复** 解:57 + 77 + 90 = 224。

答:阴影部分的面积为 224。

# 8. 立体图形

## 基础

**例 1** 如图 1 - 8 - 1 - 1 所示,棱长为 10 厘米的正方体的 6 个面各被抠掉一个棱长为 2 厘米的小正方体,求这个正方体的体积和表面积。

图 1 - 8 - 1 - 1

**基础延伸** 不管是小升初考试、中考或者高考,立体图形的表面积计算、体积计算都是热门的考点之一。为了让学生从小就打下好的基础,笔者在这里尽可能全面地把常用公式推导出来。对公式理解不透彻的,希望能通过推导过程而对其理解透彻。

记忆力和逻辑能力比较强的,可以直接通过自己的记忆体系把可能要计算很久的结果记下来,以节省宝贵的时间。对于涉及高中知识的问题,此处暂且不做深入的探究。

几种常见立体图形的体积和表面积公式:

(1)图 1 - 8 - 1 - 2 所示是长、宽、高分别为 $a, b, c$ 的长方体。

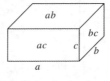

图 1 - 8 - 1 - 2

$$V_{长方体} = abc, S_{长方体表} = 2(ab + bc + ac)。$$

（2）图 1-8-1-3 所示是棱长为 $a$ 的正方体，$l$ 为表面对角线，$L$ 为空间对角线。

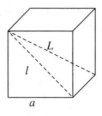

图 1-8-1-3

$$V_{正方体} = a^3 = \frac{\sqrt{2}}{4}l^3 = \frac{\sqrt{3}}{9}L^3, S_{正方体表} = 6a^2 = 3l^2 = 2L^2。$$

由勾股定理知道，$a, l, L$ 的关系如下：

$$2a^2 = l^2, a^2 + l^2 = L^2, 3a^2 = L^2。$$

（3）底面积为 $S$ 的柱体，高为 $h$。

$$V_{柱体} = S_{底} h, S_{柱体表} = 2S_{底} + S_{柱体侧}。$$

虽然公式满足任意截面的柱体，但本书主要讨论圆柱和棱柱，圆柱的底面是圆。圆柱是以矩形的一条边所在直线为旋转轴，其余三边绕该旋转轴旋转一周而形成的几何体，如图 1-8-1-4 所示。

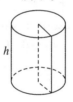

图 1-8-1-4

棱柱的底面是多边形。棱柱的底面可以是三角形、四边形、五边形……我们把这样的棱柱分别叫作三棱柱、四棱柱、五棱柱（图 1-8-1-5）……

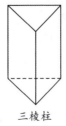

三棱柱　　　　　四棱柱　　　　　五棱柱

图 1-8-1-5

按侧棱与底面是否垂直,棱柱分为直棱柱、斜棱柱,直棱柱按底面是不是正多边形分为正棱柱、其他直棱柱。

特殊的棱柱:

a.斜棱柱:侧棱不垂直于底面的棱柱叫作斜棱柱。画斜棱柱时,一般将侧棱画成不与底面垂直,如图1-8-1-6。

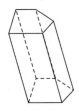

图1-8-1-6

b.直棱柱:侧棱垂直于底面的棱柱叫作直棱柱。画直棱柱时,应将侧棱画成与底面垂直。

c.正棱柱:底面是正多边形的直棱柱叫作正棱柱。

d.平行六面体:底面是平行四边形的棱柱叫作平行六面体。

e.直平行六面体:侧棱垂直于底面的平行六面体叫作直平行六面体。

f.长方体:底面是矩形的直棱柱叫作长方体。

$(4) V_{锥体} = \frac{1}{3} S_{底} h, S_{锥体} = S_{底} + S_{锥体侧}。$

与柱体一样,本书介绍的锥体主要包含圆锥和棱锥,如图1-8-1-7所示。

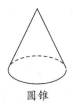 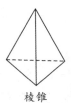

圆锥　　　　　　棱锥

图1-8-1-7

定理:如果锥体为平行于底面的平面所截,那么所得的截面与底面相似,截面面积与底面面积的比等于顶点到截面距离与锥体高的平方比。

推论1:如果棱锥为平行于底面的平面所截,则棱锥的侧棱和高被截面分成的线段比相等。

推论2:如果棱锥为平行于底面的平面所截,则截得的小棱锥与原棱锥的侧面积之比等于它们对应高的平方比,或它们的底面积之比。

基础到飞跃

推论 3：如果锥体为平行于底面的平面所截，则截得的小锥体与原锥体的体积之比等于它们对应高的立方比。

棱锥的底面可以是三角形，四边形，五边形……我们把这样的棱锥分别叫作三棱锥、四棱锥、五棱锥（图 1-8-1-8）……

三棱锥

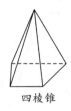
四棱锥

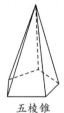
五棱锥

图 1-8-1-8

底面为正多边形，侧棱长都相等的棱锥叫正棱锥，它的顶点在底面内的射影是底面多边形的正中心。正棱锥的侧面是全等的等腰三角形。其中最为特殊的正棱锥为侧棱长和底面边长相等的三棱锥，习惯上叫它正四面体，它的四个面是全等的正三角形，是最简单的正多面体，如图 1-8-1-9 所示。

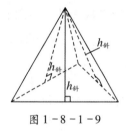

图 1-8-1-9

$S_{正棱锥侧} = \dfrac{1}{2}Ch_{斜}$，$h_{斜}$ 为斜高，即侧面等腰三角形的高，$C$ 为底面多边形的周长。

（5）$V_{台体} = V_{原锥体} - V_{小锥体}$，$S_{台体} = S_{上底} + S_{下底} + S_{台体侧}$。

用一个平行于锥体底面的平面去截该锥体，底面与截面之间的部分称为台体。用一个平行于某圆锥体底面的平面去截该圆锥体，底面与截面之间的部分称为圆台。用一个平行于某棱锥体底面的平面去截该棱锥体，底面与截面之间的部分称为棱台，如图 1-8-1-10 所示。

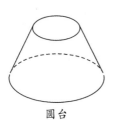

圆台

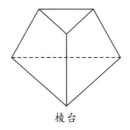

棱台

图 1-8-1-10

（6）$V_{球体}=\dfrac{4}{3}\pi r^{3}$，$S_{球体}=4\pi r^{2}$。

**思维愈合**　计算出大正方体的体积，再减去 6 个小正方体的体积即为这个图形的体积；对于表面积的算法，我们可以计算出大正方体的表面积再减去 6 个小正方形的面积，再加上 $5\times6$ 个小正方形的面积，也可以直接由大正方体的表面积加上 $4\times6$ 个小正方形的面积。

**全面恢复**　解：体积：$10^{3}-2^{3}\times6=952(\text{cm}^{3})$。

表面积：$10^{2}\times6+2^{2}\times4\times6=696(\text{cm}^{2})$。

答：这个正方体的体积为 952 立方厘米，表面积为 696 平方厘米。

**例 2**　图 1-8-2-1 为一个 8 升的圆锥形容器，现倒入一些水，水面高度正好是圆锥高度的一半，这个容器还能装下多少升水？

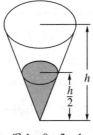

图 1-8-2-1

**基础延伸**　根据如果锥体为平行于底面的平面所截，则截得的小锥体与原锥体的体积之比等于它们对应高的立方比可知，$\dfrac{V_{小锥体}}{V_{大锥体}}=$ 高度比的立方 $=\left(\dfrac{1}{2}\right)^{3}=\dfrac{1}{8}$。

**思维愈合**　计算出小锥体和大锥体的体积比，再用大锥体的体积减去小锥体的体积得到空白部分的体积。

**全面恢复**　解：$V_{小锥体}:V_{大锥体}=1^{3}:2^{3}=1:8$，

基础到飞跃

$$V_{小锥体} = \frac{1}{8} \times 8 = 1(L),$$

$$V_{空白} = 8 - 1 = 7(L)。$$

答:这个容器还能装 7 升水。

# 提升

**例3** 如图 1-8-3-1 所示,棱长为 10 厘米的正方体的三个垂直面正中心各被抠穿了一个底面边长为 2 厘米的长方体,求这个正方体的体积和表面积。

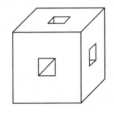

图 1-8-3-1

**基础延伸** 关于表面积,对于简单的几何体我们会很好理解,而对于复杂的几何体,若从其定义的字面意思去理解,可能会产生一定的歧义。为了避免这种情况导致的解题错误,笔者在这里给出一个判断的参考方法,供同学们使用。这个参考就是把几何体扔进水里,能沾到水的面的面积之和,就是这个几何体的表面积,这样在计算表面积的时候,就不至于漏算或算错。

**思维愈合** 本题抠掉的部分为如图 1-8-3-2 所示的几何体,我们用正方体的体积减去这个抠掉部分即为所求几何体的体积。而表面积则为大正方体表面积减去 6 个小正方形的面积,再加上抠掉部分所构成的几何体的不含 6 个小正方形的表面积,即阴影部分面积。

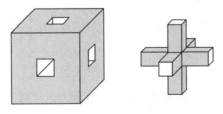

图 1-8-3-2

**全面恢复** 解:体积:$10^3 - (2^2 \times 10 \times 3 - 2^3 \times 2) = 896(cm^3)$。

表面积:$10^2 \times 6 - 2^2 \times 6 + 2 \times 4 \times (10-2) \times 3 = 768(\text{cm}^2)$。

答:这个正方体的体积为 896 立方厘米,表面积为 768 平方厘米。

**例4** 图 1-8-4-1 所示为一个圆锥形的容器,它的底面半径是 4 厘米,高是 8 厘米,容器内放着一些石子,石子的体积为 $42\pi$ 立方厘米。在容器里倒满水,再把石子全部拿出来,求此时容器内水面的高度(忽略石子上沾的水)。

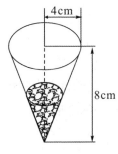

4cm

8cm

图 1-8-4-1

**基础延伸** 如果圆锥为平行于底面的平面所截,则截得的小圆锥与大圆锥的体积之比等于它们对应高的立方比。

**思维愈合** 本题中的大圆锥为容器本身,小圆锥为拿出石子后剩余的水在容器中的形状,对这两个体积求比,即可得到高度的立方比。

**全面恢复** **解:**设拿出石子后容器内水面的高度为 $x$ 厘米。

$$\frac{\frac{1}{3}\pi \times 4^2 \times 8}{\frac{1}{3}\pi \times 4^2 \times 8 - 42\pi} = \frac{8^3}{x^3}$$

解方程得 $x = 2$。

答:拿出石子后容器内水面的高度为 2 厘米。

## 飞跃

**例5** 如图 1-8-5-1 所示为两个等高的容器,圆锥容器的半径为 18 厘米,圆柱容器的半径为 12 厘米,先将圆锥容器装满水再将水倒入圆柱容器内,这时水平面距离装满还有 12.5 厘米。这两个容器的高是多少厘米?

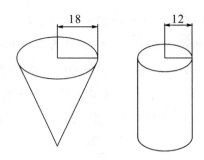

图 1－8－5－1

**基础延伸**　这道题如果要直接算,有点烦琐,笔者在此就将圆锥、圆柱类题目予以归纳,掌握了这些,解决此类题目也就不难了。

万变不离其宗,我们所有的归纳结果都源于最基本的公式。

$$V_{圆柱} = Sh, V_{圆锥} = \frac{1}{3}Sh, S = \pi r^2。$$

(1)圆锥和圆锥或圆柱和圆柱的体积比(以下简称同形体积比):

　　a. 等底且等高的同形体积比为 $1:1$。

　　b. 不等底但等高的同形体积比为 $r_1^2 : r_2^2$。

　　c. 等底但不等高的同形体积比为 $h_1 : h_2$。

　　d. 不等底且不等高的同形体积比为 $(h_1 r_1^2) : (h_2 r_2^2)$。

(2)圆锥和圆柱的体积比(以下简称锥柱体积比):

　　a. 等底且等高的锥柱体积比为 $1:3$。

　　b. 不等底但等高的锥柱体积比为 $r_{锥}^2 : (3r_{柱}^2)$。

　　c. 等底但不等高的锥柱体积比为 $h_{锥} : (3h_{柱})$。

　　d. 不等底且不等高的锥柱体积比为 $(h_{锥} r_{锥}^2) : (3h_{柱} r_{柱}^2)$。

这两大点所包含的几种情况,只要对公式理解透彻了,就不难推断出,难点就是灵活地运用这些推论去解题。

**思维愈合**　本题对应的是不等底但等高的锥柱体积比,为 $r_{锥}^2 : (3r_{柱}^2) = 18^2 : (3 \times 12^2) = 3:4$。于是我们知道圆锥容器中的水倒入圆柱容器中只有其 $3/4$ 的高度,还差 12.5 厘米即为其 $1/4$ 的高度。

**全面恢复**　**解:**圆锥和圆柱的体积比为

$$\frac{V_{锥}}{V_{柱}} = \frac{18^2}{3 \times 12^2} = \frac{3}{4},$$

两容器的高为

$$12.5 \div \left(1 - \frac{3}{4}\right) = 50(\text{厘米})。$$

答:这两容器的高为 50 厘米。

**例6** 如图 1-8-6-1 所示,在长为 24 厘米的蜂窝煤炉瓦的横截面上,最长的直线段为 9 厘米,求这个炉瓦的体积。(π 取 3.14,结果取整)

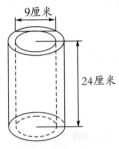

图 1-8-6-1

**基础延伸** 圆环中最长的线段若和一个圆的直径相等,那么这个圆环和圆的面积也相等。这个结论用勾股定理即可简单证明。如图 1-8-6-2 所示,线段为圆环上最长的线段,设其长度为 $d$,则以其为直径的圆的面积为 $\frac{\pi d^2}{4}$。此时我们再计算一下圆环的面积,我们知道圆环的面积为大圆面积减去小圆面积,即 $S_{环} = \pi R^2 - \pi r^2 = \pi(R^2 - r^2)$。由勾股定理知道,在直角三角形中,斜边的平方等于两直角边的平方和,即 $R^2 = r^2 + \left(\frac{d}{2}\right)^2$,故 $S_{环} = \pi(R^2 - r^2) = \pi \cdot \left(\frac{d}{2}\right)^2 = \frac{\pi d^2}{4}$,与直径为 $d$ 的圆面积相等。

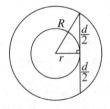

图 1-8-6-2

我们也可以用极限的思维来思考以上等量关系,如图 1-8-6-3 所示,假设中间的小圆无限减小,那么圆环就无限接近圆,圆环中最长的线段在保持长短不变的情况下,其位置也就无限接近圆心。在这个变化过程中,外圆的直径逐渐减小,而图中阴影部分面积始终不变。

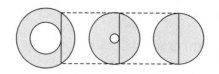

图 1 − 8 − 6 − 3

**思维愈合**　我们知道以上结论后,解决此题就很简单了。炉瓦的横截面面积就等于直径为 9 厘米的圆的面积,再乘以高即可求出炉瓦的体积。

**全面恢复**　解:炉瓦的体积为

$$\frac{\pi \times 9^2}{4} \times 24 \approx 1526(\text{立方厘米})。$$

答:炉瓦的体积为 1526 立方厘米。

# 9. 数据统计

## 基础

**例 1**　把表 1 − 9 − 1 − 1 填写完整。

表 1 − 9 − 1 − 1　某车间甲、乙两工人生产的次品零件统计表

| 数量　项目　工人 | 生产零件数（个） | 次品零件数（个） | 次品率 |
|---|---|---|---|
| 工人甲 | | 15 | |
| 工人乙 | 275 | | 4% |
| 合计 | 575 | | |

**基础延伸**　统计表是用于显示统计数据的基本工具。一般由表头(总标题)、行标题、列标题和数字资料四个主要部分组成,必要时可以在统计表的下方加上表外附加部分。统计表繁简不一,通常是按项目的多少,分为单式统计表与复式统计表两种。只对某一个项目数据进行统计的表格,称为单式统计表,也称之为简单统计表。统计项目在 2 个或 2 个以上的统计表格,称为复式统计表。

**思维愈合**　解决此题的关键是寻找表格隐藏的计算公式,即合计就是工人

甲与工人乙的和,但这只对生产零件数和次品零件数适合,次品率却是次品零件数与生产零件数的百分比。知道这些关系后,就不难填出表中空格了。

**全面恢复** 解:$575 - 275 = 300$(个),

$275 \times 4\% = 11$(个),

$15 + 11 = 26$(个),

$\frac{15}{300} \times 100\% = 5\%$,

$\frac{26}{575} \times 100\% \approx 4.52\%$。

表格填写完整后见表1-9-1-2:

表1-9-1-2 某车间甲、乙两工人生产的次品零件统计表

| 数量\项目\工人 | 生产零件数 (个) | 次品零件数 (个) | 次品率 |
|---|---|---|---|
| 工人甲 | 300 | 15 | 5% |
| 工人乙 | 275 | 11 | 4% |
| 合计 | 575 | 26 | 4.52% |

**例2** 表1-9-2-1为三(8)班部分同学某次数学考试的成绩统计表,请据表回答问题。

表1-9-2-1 三(8)班部分同学某次数学考试成绩统计表

| 姓名 | 鲍柳晓 | 谭希媛 | 曹子贤 | 王思博 | 蔡欣霏 | 陈嘉怡 | 潘卓轩 |
|---|---|---|---|---|---|---|---|
| 成绩(分) | 77 | 96 | 89 | 100 | 83 | 75 | 75 |

(1)这些成绩的平均数是( ),中位数是( ),众数是( )。

(2)这些同学数学成绩的一般水平是( )。

(3)如果90分以上算优秀,那么优秀率是( )。

(4)如果再增加一位同学郁思琪,她的成绩为99分,那么这组成绩的中位数是( )。

**基础延伸** 平均数是表示一组数据集中趋势的量数,是由一组数据中所有数据之和除以这组数据的个数所得。中位数,又称中点数、中值,是指按大小顺

序排列的一组数据中居于中间位置的数,即在这组数据中,有一半的数据比它大,有一半的数据比它小。如果有偶数个,通常取最中间的两个数值的平均数作为中位数。众数是一组数据中出现次数最多的数据,是一组数据中的原数据,而不是相应的次数。

一般水平用中位数表示,平均水平用平均数表示,集中水平用众数表示。

**思维愈合** 当众数的个数多于一半时,我们就用众数来表示这组数据的一般水平,因为此时,众数无论排列在哪个位置,都会包含中位数,这与用中位数表达一般水平并不矛盾。

**全面恢复** **解:** 计算平均数为

$(77+96+89+100+83+75+75) \div 7 = 85$。

将这列数按照从大到小的顺序排列(从小到大也可):

$100, 96, 89, \boxed{83}, 77, 75, 75$。

中间位置的数为83,即中位数为83。

75出现两次,其余数均出现一次,即众数为75。

大于90的数有100和96两个,所以优秀率为

$$\frac{2}{7} \times 100\% \approx 28.57\%。$$

注:一般未做说明的,小数点后面保留两位小数即可。第(4)小题后的如果,在第(3)小题以后,一般也不计算在内。

如果增加一位同学郁思琪,她的成绩为99分,这列数从大到小排列为

$100, 99, 96, \boxed{89}, \boxed{83}, 77, 75, 75$。

中间位置的数有两个,一个是89,一个是83,此时要计算这两个数的平均数,才能得到中位数,即

$(89+83) \div 2 = 86$。

所以,这4道小题的最终答案如下:

(1)这些成绩的平均数是(85),中位数是(83),众数是(75)。

(2)这些同学数学成绩的一般水平是(83)。

(3)如果90分以上算优秀,那么优秀率是(28.57%)。

(4)如果再增加一位同学郁思琪,她的成绩为99分,那么这组成绩的中位数是(86)。

# 提升

**例3** 根据图 1-9-3-1 回答下面的问题。

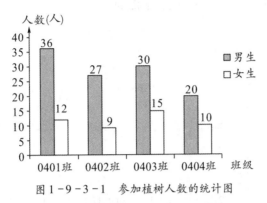

图 1-9-3-1 参加植树人数的统计图

(1)参加植树人数最多的是哪个班?

(2)一共有多少人参加植树?男生和女生各多少人?

(3)已知一共种了 477 棵树,平均每人植树多少棵?

**基础延伸** 条形统计图是用一个单位长度表示一定的数量,根据数量的多少画成长短不同的直条,然后把这些直条按一定的顺序排列起来。从条形统计图中很容易看出各种数量的多少。条形统计图一般简称条形图,也叫长条图或直条图。条形统计图主要用于表示离散型数据资料,即计数数据,其缺点是不能准确地描述各部分量之间的关系。

**思维愈合** 此题主要考查能否从条形统计图中正确获取所要的信息,并能根据所获信息来完成相应的计算。

**全面恢复 解:** 分别计算各个班级参加植树的总人数:

0401 班:36 + 12 = 48(人),

0402 班:27 + 9 = 36(人),

0403 班:30 + 15 = 45(人),

0404 班:20 + 10 = 30(人)。

比较可知,0401 班参加植树人数最多。

总人数:48 + 36 + 45 + 30 = 159(人)。

男生人数:36 + 27 + 30 + 20 = 113(人)。

女生人数:12 + 9 + 15 + 10 = 46(人)。

平均每人植树棵数：477÷159＝3（棵/人）。

答：参加植树人数最多的是 0401 班；参加植树的一共有 159 人，其中男生 113 人，女生 46 人；平均每人植树 3 棵。

**例4** 根据图 1-9-4-1 回答下面的问题。

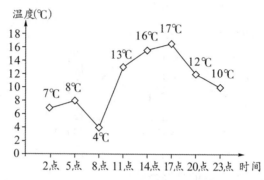

图 1-9-4-1　昆明某季某天 24 小时温度统计图

（1）这是什么类型的统计图？

（2）什么时候气温最高？什么时候气温最低？

（3）哪个时间段降温幅度最大？

**基础延伸**　以折线的上升或下降来表示统计数量的增减变化的统计图，叫作折线统计图。折线统计图用折线的起伏表示数据的增减变化情况，不仅可以表示数量的多少，而且可以反映数据的增减变化情况。其缺点是不能反映每一个数据在总体中的具体情况。

**思维愈合**　此题主要考查能否从折线统计图中正确获取所要的信息，并能根据所获信息来完成相应的计算。

**全面恢复**　解：由图可知，这是一个折线统计图，记录了昆明某天的气温数据及变化情况。最低气温为 4℃，在 8 点位置；最高气温为 17℃，在 17 点位置。

降温的时间段及其降温幅度：

5 点~8 点：4℃-8℃＝-4℃，

17 点~20 点：12℃-17℃＝-5℃，

20 点~23 点：10℃-12℃＝-2℃。

故 17 点~20 点降温幅度最大。

答：（1）这是折线统计图。

（2）8 点气温最低，17 点气温最高。

(3)17 点～20 点降温幅度最大。

# 飞跃

**例5** 一辆汽车某次出行的油表情况如图 1 - 9 - 5 - 1 所示，油耗和行程的情况如图 1 - 9 - 5 - 2 所示。已知该汽车在高速路上每 100 千米的油耗为6 L，此车共行驶了多少路程？一般公路上每 100 千米的油耗是多少？

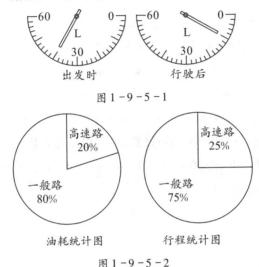

图 1 - 9 - 5 - 1

图 1 - 9 - 5 - 2

**基础延伸** 扇形统计图是用整个圆表示总数（单位"1"），用圆内各个扇形的大小表示各部分量占总量的百分之几。扇形统计图中各部分的百分比之和是单位"1"，通过扇形统计图可以很清楚地表示出各部分数量与总数之间的关系。与折线统计图不同的是，扇形统计图不能反映数量变化趋势；与条形统计图不同的是，扇形统计图不能轻易地看出各种数量的多少。

**思维愈合** 此题主要考查能否从扇形统计图中正确获取所要的信息，并能根据所获信息来完成相应的计算。

**全面恢复** 解：根据油表读数可知耗油总量：

$40 - 10 = 30$（L）。

根据油耗统计图可算出高速路的油耗：

$30 \times 20\% = 6$（L）。

则可算出一般公路油耗：

$30 - 6 = 24$（L）。

该汽车在高速路上每100千米耗油量6升,所以该汽车在高速公路上行驶了100千米。

根据行程统计图可以算出总路程:

$100 \div 25\% = 400(\text{km})$。

则一般公路的每100千米的油耗为:

$\dfrac{24}{400 - 100} \times 100 = 8(\text{L}/100 \text{ km})$。

答:此车行驶的总路程为400千米,一般公路上每100千米的油耗是8升。

**例6** 艾露恩老师让六个同学围着她站成一圈,并给每人发了一张扑克牌,规定不同的扑克牌表示不同的数字,♠A ~ ♠K 依次表示 1 ~ 13,♥A ~ ♥K 依次表示 14 ~ 26,♣A ~ ♣K 依次表示 27 ~ 39,◆A ~ ◆K 依次表示 40 ~ 52。然后她让大家把自己的扑克牌表示的数字告诉左右相邻两个人,由每个人把左右相邻的两个人告诉自己的数的平均值计算出来,根据计算出的数向她索要对应的第二张扑克牌。第二张扑克牌亮出后如图 1 - 9 - 6 - 1 所示,那么亮出♥8 的同学的第一张扑克牌是多少?

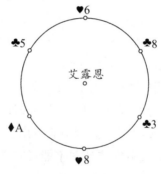

图 1 - 9 - 6 - 1

**基础延伸** 我们首先把扑克牌所代表的数字用公式表达出来:

♠$n = n$,♥$n = 13 + n$,♣$n = 26 + n$,◆$n = 39 + n$。

那么图中的扑克牌表示的数字如下:

♥8 = 13 + 8 = 21,◆A = 39 + 1 = 40,♣5 = 26 + 5 = 31,

♥6 = 13 + 6 = 19,♣8 = 26 + 8 = 34,♣3 = 26 + 3 = 29。

知道一个数,求对应扑克牌的方法如下:

除以13的不完全商为0、1、2、3的分别为♠、♥、♣、◆,余数为牌面的数字。

**思维愈合** 我们暂且不管扑克牌，先来研究数字的关系。我们把原始数字沿着圆周依次用 $a_1, a_2, a_3, a_4, a_5, a_6$ 来表示，则可以得其左右相邻两数的平均数依次为 $\frac{a_6+a_2}{2}, \frac{a_1+a_3}{2}, \frac{a_2+a_4}{2}, \frac{a_3+a_5}{2}, \frac{a_4+a_6}{2}, \frac{a_5+a_1}{2}$，其中包含 $a_1$ 的为 $\frac{a_1+a_3}{2}$ 和 $\frac{a_5+a_1}{2}$，而牵扯 $a_3, a_5$ 的为 $\frac{a_3+a_5}{2}$。

我们不难得出 $\frac{a_1+a_3}{2}+\frac{a_5+a_1}{2}-\frac{a_3+a_5}{2}=a_1$，所以 $a_1$ 的值与第 2 个、第 4 个和第 6 个平均数有关,也就是由左右相邻的两个平均数的和减去对面的那个平均数所得,如图 1-9-6-2 所示。

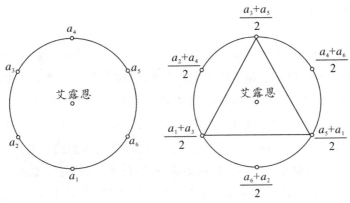

图 1-9-6-2

**全面恢复** **解:** 根据规定可以得到以下公式:

♠$n=n$，♥$n=13+n$，♣$n=26+n$，♦$n=39+n$，所以

♦$A=39+1=40$，♣$3=26+3=29$，♥$6=13+6=19$，

$40+29-19=50$，$50=39+11=$♦J。

答:亮出♥8 的同学的第一张扑克牌是♦J。

# 10. 可能性

## 基础

**例 1** 用"一定""可能""不可能"填空。

(1)我( )比妈妈年龄大。

(2)地球( )绕着太阳转。

(3)花( )是红色的。

(4)太阳( )从东方升起。

(5)正方形( )是长方形。

(6)长方形( )是正方形。

(7)周长相等的图形,圆的面积( )是最大的。

(8)明天( )是晴天。

(9)两个正整数的和( )是奇数。

(10)2018 年 6 月 1 日( )是儿童节。

(11)星期一的前一天( )星期六。

(12)我国北方元旦这一天( )会下雪。

(13)冬天过后( )是春天。

(14)口袋里有 5 个红球,没有白球,摸一下( )摸到白球。

**基础延伸** 可能性是指事物发生的概率,是包含在事物之中并预示着事物发展趋势的量化指标,其是客观论证,而非主观验证。生活中有些事件的发生是不确定的,一般用"可能发生"来描述。生活中有些事件的发生是确定的,一般用"一定发生"或"不可能发生"来描述。判断游戏规则的公平性:在游戏规则里,如果各种现象发生的可能性都相等,这个规则是公平的;如果各种现象发生的可能性不相等,则这个规则是不公平的。在生活中,有些事件一定会发生,有些事件不可能发生,有些事件则可能发生。事件发生的可能性有大有小,在计算事件发生的可能性大小时,枚举法是一种比较基本、常用的方法,即将所有可能的情况都列举出来,哪种情况出现次数越多,其发生的可能性就较大。

**思维愈合** 对事件发生的可能性进行判断,根据生活经验和常识合理猜测、缜密推理。

(1)我是妈妈生的,所以我(不可能)比妈妈年龄大。

(2)根据地理常识,我们知道地球(一定)绕着太阳转。

(3)我们日常生活中看到的花是五颜六色的,红色只是其中一种,所以花(可能)是红色的。

(4)太阳东升西落,是地理常识,所以太阳(一定)从东方升起。

(5)正方形是长和宽相等的长方形,是特殊的长方形,所以正方形(一定)是长方形。

(6)长方形只有满足长和宽相等的条件,才能成为正方形,所以长方形(可能)是正方形。

(7)数学常识,周长相等的图形,圆的面积(一定)是最大的。

(8)天气变化虽然可以预测,但不能保证其一定按照预测的方向发展,包含多种变化因素,所以明天(可能)是晴天。

(9)两个奇偶性不同的正整数的和为奇数,奇偶性相同的正整数的和为偶数,所以两个正整数的和(可能)是奇数。

(10)每年的6月1日是法定的儿童节,所以2018年6月1日(一定)是儿童节。

(11)星期一的前一天是星期日,所以星期一的前一天(不可能)星期六。

(12)我国北方元旦这一天与下雪没有关联,所以我国北方元旦这一天(可能)会下雪。

(13)春夏秋冬,四季更替的顺序不会变化,所以冬天过后(一定)是春天。

(14)口袋里有5个红球,没有白球,摸一下(不可能)摸到白球。

**全面恢复** 解:填"一定"的有(2)(4)(5)(7)(10)(13);填"可能"的有(3)(6)(8)(9)(12);填"不可能"的有(1)(11)(14)。

**例2** 王思博和谭希媛玩"石头剪刀布"游戏,两人用一副扑克牌做记录,每人分27张扑克牌,输一次给对方一张。他们做了若干次游戏后,谭希媛增加了12张扑克牌,王思博胜了8次,总次数为平局次数的3倍。那么他们一共做了多少次游戏?

**基础延伸** "石头剪刀布"游戏,是一种猜拳游戏。游戏规则是石头打剪刀,布包石头,剪刀剪布。

**思维愈合** 对于同一个人来说,胜的次数加上输的次数再加上平局次数等于总次数。

所得战利品的份数等于胜的次数减去输的次数。

若是两人猜拳,每个人胜的次数都等于对方输的次数。

若是多人猜拳,所有人胜的次数总和等于其输的次数总和。

**全面恢复** 解:设他们一共做了 $x$ 次游戏,则对于王思博来说胜的次数为8次,失败次数为 $(12+8)$ 次,平局次数为 $\dfrac{x}{3}$ 次。

根据题意列方程:

$$8 + (12+8) + \frac{x}{3} = x$$

解得 $x = 42$。

答：他们一共做了 42 次游戏。

## 提升

**例3** 口袋里有 10 个球，两人轮流拿，一次只能拿 1 个或 2 个，不能拿 3 个或以上，也不能不拿，谁拿到第 10 个球，谁就胜利。如果让你先拿，你有必胜的策略吗？如果拿到第 10 个球算输，又有怎样的必胜策略？

**基础延伸** 目标和 = 1 + 单次最多数。

单次为 1~2 的，每轮总和为 2~4，但是 2 和 4 无法作为可控待补（对方控 1 无法控制总和为 4，对方控 2 无法控制总和为 2），只有 3 可以，所以就用 3 作为目标和，于是只要控制好 1，4，7，10，…或者 2，5，8，11，…或者 3，6，9，12，…的归属（就是归谁拿或者归谁报数）即可达到目的。

类似的数据还有，单次为 1~5 的，每轮总和为 2~10，但是 2，3，4，5，7，8，9，10 不能作为目标和，只有 6 可以，所以我们就用 6 作为目标和，于是只需控制好 1，7，13，19，…或者 2，8，14，20，…或者 3，9，15，21，…或者 4，10，16，22，…或者 5，11，17，23，…或者 6，12，18，24，…的归属。可能这个比较复杂，我举个例子，若取得 22 的归属算胜利，那么先手就直接控制 4，然后根据对方的数字求 6 的补数，依次控制 10，16，22，…即可获胜。

**思维愈合** 此题单次为 1~2，先手取到第 10 个球获胜，那么控制好 1，4，7 即可。对于取到第 10 个球算输的游戏，让对方先手，控制好 3，6，9 即可获胜。若要自己先手，且对方懂得这个必胜策略，那只有输，若对方稍不注意，乘机抢 3，6，9 即可反败为胜。

**全面恢复** 解：拿到第 10 个球为胜的先手必胜策略：

拿第 1 个球，然后根据对方拿取的数以 3 为目标来凑和，即可拿到第 4 个、第 7 个、第 10 个球。

拿到第 10 个球为输的后手必胜策略：

让对方先拿，然后将每轮次的目标和定为 3，即可拿到第 3 个、第 6 个、第 9 个球，对方只能拿第 10 个球，对方输。

**例4** 图 1-10-4-1 为一个均质转盘，指针不动，转盘可以自由旋转。王思博转动转盘，让谭希嫒猜测转盘停止时指针所指的数字（指针停在线上规定算指针右侧的数）。如果谭希嫒猜对了，谭希嫒获胜；如果谭希嫒猜错了，王思博获胜。

图 1-10-4-1

(1)这个游戏规则对双方公平吗？为什么？

(2)谭希媛一定会输吗？

(3)以下几种游戏规则,你认为哪种公平？

a.不是 2 的倍数,谭希媛获胜,其余王思博获胜。

b.不是 4 的倍数,谭希媛获胜,其余王思博获胜。

c.大于 7 的数,谭希媛获胜,其余王思博获胜。

d.不大于 7 的数,谭希媛获胜,其余王思博获胜。

(4)请你设计一个公平的规则。

**基础延伸** 用枚举法列出所有可能的结果,并计算各个类别的次数,若次数相等,则游戏规则公平,若次数不相等,则游戏规则不公平。

**思维愈合** (1)转盘中的结果有 12 种可能,谭希媛猜对只有 1 种可能,猜错却有 11 种可能,故此游戏规则不公平。(2)谭希媛猜对的可能不是完全为 0,所以她也不一定会输。(3)a.不是 2 的倍数,即为奇数。1~12 中,奇偶数各 6 个,所以公平。b.不是 4 的倍数有 9 个,4 的倍数只有 3 个,所以不公平。c.大于 7 的数有 5 个,其余有 7 个,所以不公平。d.不大于 7 的数有 7 个,其余 5 个,所以不公平。(4)只要设计的规则满足次数相等这个条件,就是公平的游戏规则。

**全面恢复** 答:(1)这个游戏规则不公平,因为谭希媛猜对的结果只有 1 种可能,猜错的结果有 11 种可能。

(2)谭希媛不一定会输,她有 $\frac{1}{12}$ 获胜的概率。

(3)a 公平。

(4)示例答案:

若是 5 的倍数王思博获胜,若是 6 的倍数谭希媛获胜。

距离3或9近的王思博获胜,距离6或12近的谭希媛获胜。

# 飞跃

**例5** 一个口袋中有4个球,另一个口袋中有6个球,这些球一共为10种颜色,即没有任意两个球的颜色相同。现在从两个口袋中各取出两个球,有多少种不同结果?

**基础延伸** 要做一件事,完成它若是有 $n$ 类办法,是分类问题,而且采用每一类中的每一种方法都能够直接达成目标,这个时候使用加法原理;做一件事,需要分 $n$ 个步骤,步与步之间是连续的,只有将分成的若干个互相联系的步骤依次相继完成,这件事才算完成,这个时候用乘法原理。

**思维愈合** 此题中取出球可以分两个步骤,第1个步骤就是在第1个口袋中取出两个球,第2个步骤就是从第2个口袋中取出两个球,只有两个步骤依次完成了,才能得到题中所要求的结果,因此用乘法原理。第1个步骤就是从4个球中取出2个,有 $(4 \times 3 \div 2)$ 种方法;第2个步骤就是从6个球中取出2个,有 $(6 \times 5 \div 2)$ 种方法,将两个步骤的方法总数相乘即可得到总共的结果种数。

**全面恢复** 解:$(4 \times 3 \div 2) \times (6 \times 5 \div 2) = 90$。

答:有90种不同结果。

**例6** 王思博和谭希媛比赛乒乓球,先胜三局者赢,直到决出胜负,终止比赛,共有多少种可能发生的情况?

**基础延伸** 树状图,亦称树枝状图,它是数据树的图形表示形式,是枚举法的一种表达方式。树状图是中小学生学习概率问题需要学会画的一种图形。

**思维愈合** 不论最终谁胜出,王思博和谭希媛第一局得胜的情况是一样多的,所以我们只要画出王思博第一局胜出的树状图,然后乘以2即可得到总共的情况。

**全面恢复** 解:先考虑王思博胜第一局的情况,一共有10种情况,树状图如图 $1-10-6-1$ 所示。

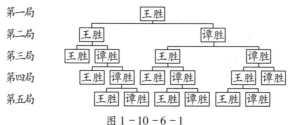

图 $1-10-6-1$

同理,谭希媛胜第一局也有10种情况,合计20种情况。

答:共有20种可能发生的情况。

# 二　奥数与游戏

## 1. 奥数简介

数学是一种美,学习数学则是一种美的体验。

数学奥林匹克竞赛或者奥林匹克数学竞赛,简称奥数。1934 年和 1935 年,苏联开始在彼得格勒和莫斯科举办中学数学竞赛,并冠以数学奥林匹克的名称,1959 年在布加勒斯特举办第一届国际数学奥林匹克竞赛。

奥数为选学内容,主要涉及义务教育外的知识,对青少年的脑力锻炼有着一定的作用,感兴趣的同学可以通过奥数提高自己的思维能力和逻辑能力。

## 2. 奥数题解

**例1**　计算:

$$\frac{5^2+1}{5^2-1}+\frac{7^2+1}{7^2-1}+\frac{9^2+1}{9^2-1}+\cdots+\frac{85^2+1}{85^2-1}。$$

**基础延伸**　本题涉及一种形式的几种不同变换,具体推导过程这里不再赘述:

$(1)\dfrac{1}{a(a+1)}=\dfrac{1}{a}-\dfrac{1}{a+1},a\neq0,a+1\neq0。$

$(2)\dfrac{1}{a(a+k)}=\left(\dfrac{1}{a}-\dfrac{1}{a+k}\right)\times\dfrac{1}{k},a\neq0,k\neq0,a+k\neq0。$

$(3)\dfrac{n}{a(a+k)}=\left(\dfrac{1}{a}-\dfrac{1}{a+k}\right)\times\dfrac{n}{k},a\neq0,k\neq0,a+k\neq0。$

由此还可以推导出以下更为复杂的裂变:

$(4)\dfrac{1}{a(a+1)(a+2)}=\dfrac{1}{2}\times\left[\dfrac{1}{a(a+1)}-\dfrac{1}{(a+1)(a+2)}\right],a\neq0,a+1\neq0,$

$a+2\neq0。$

$(5)\dfrac{1}{a(a+k)(a+2k)}=\dfrac{1}{2k}\times\left[\dfrac{1}{a(a+k)}-\dfrac{1}{(a+k)(a+2k)}\right]$，$a\neq0,k\neq0,a+k\neq0,a+2k\neq0$。

$(6)\dfrac{n}{a(a+k)(a+2k)}=\dfrac{n}{2k}\times\left[\dfrac{1}{a(a+k)}-\dfrac{1}{(a+k)(a+2k)}\right]$，$a\neq0,k\neq0,a+k\neq0,a+2k\neq0$。

**思维愈合** 将每一项拆分开来，再用拆分后的数重新结合，往往会简化运算过程。5～85 的奇数个数为 $(85-5)\div2+1=41$（个），也就是说原题中的项数也有那么多。

**全面恢复** 解：

原式 $=\dfrac{5^2-1+2}{5^2-1}+\dfrac{7^2-1+2}{7^2-1}+\dfrac{9^2-1+2}{9^2-1}+\cdots+\dfrac{85^2-1+2}{85^2-1}$

$=1+\dfrac{2}{5^2-1}+1+\dfrac{2}{7^2-1}+1+\dfrac{2}{9^2-1}+\cdots+1+\dfrac{2}{85^2-1}$

$=41+\dfrac{2}{4\times6}+\dfrac{2}{6\times8}+\dfrac{2}{8\times10}+\cdots+\dfrac{2}{84\times86}$

$=41+\dfrac{1}{4}-\dfrac{1}{6}+\dfrac{1}{6}-\dfrac{1}{8}+\dfrac{1}{8}-\dfrac{1}{10}+\cdots+\dfrac{1}{84}-\dfrac{1}{86}$

$=41\dfrac{41}{172}$。

**例2** 计算：

$\left(\dfrac{1}{2}+\dfrac{1}{3}+\cdots+\dfrac{1}{20}\right)+\left(\dfrac{2}{3}+\dfrac{2}{4}+\cdots+\dfrac{2}{20}\right)+\cdots+\left(\dfrac{18}{19}+\dfrac{18}{20}\right)+\dfrac{19}{20}$。

**基础延伸** 本题涉及自然数前 $n$ 项和的几种不同变换：

$(1)\,1+2+3+\cdots+n=\dfrac{n(n+1)}{2}$。

$(2)\,1+2+3+\cdots+(n-1)=\dfrac{(n-1)[(n-1)+1]}{2}=\dfrac{n(n-1)}{2}$。

$(3)\,\dfrac{1}{n}+\dfrac{2}{n}+\dfrac{3}{n}+\cdots+\dfrac{n-1}{n}=\dfrac{1}{n}\times\dfrac{n(n-1)}{2}=\dfrac{n-1}{2}$。

**思维愈合** 将式中同分母的分数进行合并，然后再进行计算。

**全面恢复** 解：

原式 $=\dfrac{1}{2}+\left(\dfrac{1}{3}+\dfrac{2}{3}\right)+\left(\dfrac{1}{4}+\dfrac{2}{4}+\dfrac{3}{4}\right)+\cdots+\left(\dfrac{1}{20}+\dfrac{2}{20}+\cdots+\dfrac{19}{20}\right)$

$$= \frac{1}{2} + \frac{3-1}{2} + \frac{4-1}{2} + \cdots + \frac{20-1}{2}$$

$$= \frac{1}{2}(1 + 2 + 3 + \cdots + 19)$$

$$= \frac{1}{2} \times \frac{19 \times 20}{2}$$

$$= 95。$$

**例3** 用 >、< 或 = 连接:

$$\frac{1}{2012^2 + 2020^2} \bigcirc \frac{1}{2014^2 + 2018^2}。$$

**基础延伸** 本题涉及二次二项式的展开公式:

(1) $(a + b)^2 = a^2 + 2ab + b^2$。

(2) $(a - b)^2 = a^2 - 2ab + b^2$。

(3) $(a + b)^2 + (a - b)^2 = 2a^2 + 2b^2$。

**思维愈合** 观察可知,2012、2014、2018、2020 的中位数为 2016,所以本题将这四个数用含 2016 的代数式表达,即可方便进行比较。

**全面恢复** 解:

$$2012^2 + 2020^2$$
$$= (2016 - 4)^2 + (2016 + 4)^2$$
$$= 2 \times 2016^2 + 2 \times 4^2$$

$$2014^2 + 2018^2$$
$$= (2016 - 2)^2 + (2016 + 2)^2$$
$$= 2 \times 2016^2 + 2 \times 2^2$$

比较可知,$(2012^2 + 2020^2) > (2014^2 + 2018^2)$。

所以,$\dfrac{1}{2012^2 + 2020^2} < \dfrac{1}{2014^2 + 2018^2}$。

**例4** 计算:

$$\frac{2}{3!} + \frac{3}{4!} + \frac{4}{5!} + \frac{5}{6!} + \frac{6}{7!} + \frac{7}{8!}。$$

**基础延伸**

$$n! = n \times (n-1)! = n \times (n-1) \times (n-2) \times \cdots \times 3 \times 2 \times 1。$$

1 至 10 的阶乘如下:

$1! = 1$，$2! = 2$，$3! = 6$，$4! = 24$，$5! = 120$，$6! = 720$，

$7! = 5040$，$8! = 40320$，$9! = 362880$，$10! = 3628800$。

**思维愈合** 对于分数的计算,拆分重组往往可以达到巧算、速算的目的。

**全面恢复** 解:

$$原式 = \frac{3-1}{3!} + \frac{4-1}{4!} + \frac{5-1}{5!} + \frac{6-1}{6!} + \frac{7-1}{7!} + \frac{8-1}{8!}$$

$$= \frac{1}{2!} - \frac{1}{3!} + \frac{1}{3!} - \frac{1}{4!} + \frac{1}{4!} - \frac{1}{5!} + \frac{1}{5!} - \frac{1}{6!} + \frac{1}{6!} - \frac{1}{7!} + \frac{1}{7!} - \frac{1}{8!}$$

$$= \frac{1}{2!} - \frac{1}{8!}$$

$$= \frac{1}{2} - \frac{1}{40320}$$

$$= \frac{20159}{40320}$$

**例5** 解方程:

$$2 + \cfrac{1}{3 + \cfrac{1}{2 + \cfrac{1}{3 + \cfrac{1}{x}}}} = 2.2\dot{9}\dot{0}$$

**基础延伸** 将循环小数化为分数方法示例:

$$0.\dot{3} = 0.3 + 0.0\dot{3} = 0.3 + \frac{1}{10} \times 0.\dot{3}$$

$$\Rightarrow \frac{9}{10} \times 0.\dot{3} = 0.3$$

$$\Rightarrow 0.\dot{3} = 0.3 \times \frac{10}{9} = \frac{3}{10} \times \frac{10}{9} = \frac{1}{3}$$

$$0.\dot{2}\dot{5} = 0.25 + 0.00\dot{2}\dot{5} = 0.25 + \frac{1}{100} \times 0.\dot{2}\dot{5}$$

$$\Rightarrow \frac{99}{100} \times 0.\dot{2}\dot{5} = 0.25$$

$$\Rightarrow 0.\dot{2}\dot{5} = 0.25 \times \frac{100}{99} = \frac{25}{99}$$

$$3.4\dot{2}0\dot{5} = 3.4 + 0.0\dot{2}0\dot{5} = 3 + \frac{2}{5} + 0.0\dot{2}0\dot{5}$$

$$0.0\dot{2}0\dot{5} = 0.0205 + 0.0000\dot{2}0\dot{5} = 0.0205 + \frac{1}{1000} \times 0.0\dot{2}0\dot{5}$$

$$\Rightarrow \frac{999}{1000} \times 0.0\dot{2}0\dot{5} = 0.0205$$

$$\Rightarrow 0.0\dot{2}0\dot{5} = 0.0205 \times \frac{1000}{999} = \frac{20.5}{999} = \frac{205}{9990}$$

$$\Rightarrow 3.4\dot{2}0\dot{5} = 3 + \frac{2}{5} + \frac{205}{9990} = 3 + \frac{2 \times 1998 + 205}{9990} = 3\frac{4201}{9990}$$

学过方程的同学,可以把循环节部分设为未知数 $x$,将上述运算过程转化成解方程的过程,以简化运算过程。

**思维愈合** 为了不重复,本题的推导过程我们用方程来示例,设 $0.0\dot{9}\dot{0} = y$,则 $2.2\dot{9}\dot{0} = 2.2 + y$,我们可以列如下方程

$$y = \frac{9}{100} + \frac{y}{100}$$

$$\Rightarrow y = \frac{9}{100} \times \frac{100}{99} = \frac{1}{11}$$

$$\Rightarrow 2.2\dot{9}\dot{0} = 2.2 + y = 2 + \frac{1}{5} + \frac{1}{11} = 2\frac{16}{55}。$$

**全面恢复** 解:我们通过减去整数后,变成倒数,再减去整数,再变成倒数……这种循环步骤,来解决此类题目。

$$2.2\dot{9}\dot{0} - 2 = \frac{16}{55}, \quad \frac{55}{16} - 3 = \frac{7}{16}, \quad \frac{16}{7} - 2 = \frac{2}{7}, \quad \frac{7}{2} - 3 = \frac{1}{2} = \frac{1}{x}。$$

所以 $x = 2$。

**例6** 7560 有多少个不同的约数?

**基础延伸** 约数,又称因数。整数 $a$ 除以整数 $b(b \neq 0)$,除得的商正好是整数而没有余数,我们就说 $a$ 能被 $b$ 整除,或 $b$ 能整除 $a$。$a$ 称为 $b$ 的倍数,$b$ 称为 $a$ 的约数。若无特殊说明,我们只讨论正约数。

在自然数(0 和正整数)范围内,任何正整数都是 0 的约数。

4 的约数:1、2、4。

6 的约数:1、2、3、6。

10 的约数:1、2、5、10。

12 的约数:1、2、3、4、6、12。

15 的约数:1、3、5、15。

18 的约数:1、2、3、6、9、18。

20 的约数:1、2、4、5、10、20。

注意:一个数的约数必然包括 1 及其本身。

在这里,我们给出一个自然数 $n$ 的约数个数的计算方法:

先将 $n$ 进行质因数分解: $n = p_1^{a_1} \times p_2^{a_2} \times p_3^{a_3} \times \cdots \times p_k^{a_k}$ ,则约数个数表示为 $(a_1 + 1)(a_2 + 1)(a_3 + 1) \cdots (a_k + 1)$ 。

例如: $36 = 2^2 \times 3^2$ ,其约数个数为 $(2 + 1) \times (2 + 1) = 9$ ,又如: $20 = 2^2 \times 5$ ,其约数个数为 $(2 + 1) \times (1 + 1) = 6$ 。通俗点说,就是用质因数的指数加 1 后相乘。

**思维愈合** 将 7650 质因数分解: $7650 = 2 \times 3^2 \times 5^2 \times 17$ ,得到其指数,即可进行计算。

**全面恢复** 解: $7650 = 2 \times 3^2 \times 5^2 \times 17$

$(1 + 1) \times (2 + 1) \times (2 + 1) \times (1 + 1) = 36$ (个)。

答:7650 共有 36 个约数。

**例 7** 王思博和谭希媛同时从学校跑向书店,到书店后立刻返回,返回时各自的速度都提高 25% 。从学校起跑 15 分钟后,王思博在返回的路上与谭希媛相遇。当谭希媛到达书店时,王思博距离学校还有学校和书店之间距离的 25% 。那么王思博在学校和书店之间往返一次共用多少时间?

**基础延伸** 时间相等时,路程比就等于速度比。速度相等时,路程比就等于时间比。路程相等时,速度比等于时间的反比。这三个关系都是从公式"路程 = 速度 × 时间"推导出的,很好理解,但要巧妙地利用起来才是解题的关键。

**思维愈合** 王思博到达书店和谭希媛到达书店的路程是一样的,所以他们所用的时间差是固定的,王思博提速返回的时候用这段时间差走了全程的:

$1 - 25\% = 75\%$ 。

那么如果他没有提速,就只能走全程的:

$75\% \div (1 + 25\%) = 60\%$ 。

所以王思博和谭希媛原来的速度比为

$(1 + 60\%) : 1 = 8 : 5$ 。

当王思博到达书店返回时,谭希媛走了全程的 $\frac{5}{8}$ ,此时王思博已提速,谭希媛未提速,他们的速度之比为

$[8 \times (1 + 25\%)] : 5 = 2 : 1$ 。

两人相遇时,王思博又走了两地总路程的:

$\left(1 - \dfrac{5}{8}\right) \times \dfrac{2}{1 + 2} = \dfrac{1}{4}$ 。

如果王思博返回时并未提速，则 15 分钟他走的路程为两地总路程的：

$$1 + \frac{1}{4} \div (1 + 25\%) = 1\frac{1}{5}。$$

则王思博从学校到书店共用时间为

$$15 \div 1\frac{1}{5} = 12.5（分钟）。$$

那么他从书店返回学校共用时间为

$$12.5 \div (1 + 25\%) = 10（分钟）。$$

所以王思博从学校到书店的往返时间为

$$12.5 + 10 = 22.5（分钟）。$$

**全面恢复** 解：王思博和谭希媛原来的速度比：

$$\left[ 1 + (1 - 25\%) \div (1 + 25\%) \right] : 1 = 8 : 5。$$

王思博从返回到与谭希媛相遇时的速度比：

$$\left[ 8 \times (1 + 25\%) \right] : 5 = 2 : 1。$$

王思博从返回到与谭希媛相遇时走过两地总路程的：

$$\left( 1 - \frac{5}{8} \right) \times \frac{2}{1 + 2} = \frac{1}{4}。$$

王思博从学校到书店的时间：

$$15 \div \left[ 1 + \frac{1}{4} \div (1 + 25\%) \right] = 12.5（分钟）。$$

王思博从书店返回学校的时间：

$$12.5 \div (1 + 25\%) = 10（分钟）。$$

王思博往返的时间：

$$12.5 + 10 = 22.5（分钟）。$$

答：王思博在学校和书店之间往返一次共用 22.5 分钟。

**例 8** 王思博有 224 张稿纸，谭希媛有 232 张稿纸，陈嘉怡有 192 张稿纸，其中一人将自己稿纸的 25% 给了另一个人，接着又有一人将自己稿纸的 25% 给了另一个人，最后，又有一人将自己稿纸的 25% 给了另一个人。最后三人的稿纸数量相同。那么先后三次分别是谁把多少稿纸给了谁？

**基础延伸** 稿纸的总张数不变，根据总张数和人数计算出平均数即为结果每人的稿纸数量。

**思维愈合** 最后每人手中的稿纸数：

$(224 + 232 + 192) \div 3 = 216$。

第三次给了 25% 后,剩余的 75% 即为 216,则第三次给的稿纸数为

$216 \div 75\% \times 25\% = 72$(张)。

那么第三次给之前的稿纸数量分别为

216 张、$216 + 72 = 288$(张)、$216 - 72 = 144$(张)。

因为每次给稿纸只涉及两个人,那么第一次给后必然有一人的稿纸数量为 216、288、144 三数之一。而

$224 \times (1 - 25\%) = 168$(张),

$232 \times (1 - 25\%) = 174$(张),

$192 \times (1 - 25\%) = 144$(张)。

所以容易看出有两种情况初步符合条件:第一次陈嘉怡给出时,陈嘉怡剩余 144 张,或者王思博给谭希媛后,谭希媛的稿纸数量为

$232 + (224 - 168) = 288$(张)。

如果第一次是陈嘉怡给的王思博,那么王思博、谭希媛和陈嘉怡的稿纸数量分别为 272、232 和 144,第二次王思博和谭希媛的稿纸数量不可能是 216 张和 288 张。

如果第一次是陈嘉怡给的谭希媛,那么王思博、谭希媛、陈嘉怡的稿纸数量分别为 224、280 和 144,第二次王思博和谭希媛的稿纸数量也不可能是 216 张和 288 张。

如果第一次是王思博给的谭希媛,那么王思博、谭希媛、陈嘉怡的稿纸数量分别为 168 张、288 张和 192 张,第二次陈嘉怡给王思博,那么王思博、谭希媛、陈嘉怡的稿纸数量分别为 216 张、288 张和 144 张,第三次谭希媛给陈嘉怡,那么王思博、谭希媛、陈嘉怡的稿纸数量分别为 216 张、216 张和 216 张,符合题意。

**全面恢复** 解:第一次由王思博给谭希媛:

王思博剩余稿纸数量:$224 \times (1 - 25\%) = 168$(张)。

谭希媛剩余稿纸数量:$232 + (224 - 168) = 288$(张)。

陈嘉怡剩余稿纸数量:192(张)。

第二次由陈嘉怡给王思博:

陈嘉怡剩余稿纸数量:$192 \times (1 - 25\%) = 144$(张)。

王思博剩余稿纸数量:$168 + (192 - 144) = 216$(张)。

谭希嫒剩余稿纸数量：288（张）。

第三次由谭希嫒给陈嘉怡：

谭希嫒剩余稿纸数量：288×（1－25%）=216（张）。

陈嘉怡剩余稿纸数量：144+（288－216）=216（张）。

王思博剩余稿纸数量：216（张）。

**例9** 有甲、乙两根水管，分别同时给 A、B 两个水池注水，在相同时间内甲、乙两管注水量之比为 4∶3。12 分钟后，A、B 两池中注入的水之和恰好是一池。这时，甲管注水速度提高 50%，乙管的注水速度不变，那么当甲管注满 A 池时，乙管再经过多少时间可以注满 B 池？

**基础延伸** 时间相同时，注水量和注水速度成正比；注水速度相同时，注水量和注水时间成正比；注水量相同时，注水速度和注水时间成反比。

**思维愈合** 设甲管的注水速度为 4，乙管的注水速度为 3，则据题，以 4＋3＝7 的速度注满一个水池需要 12 分钟，甲提速后速度为 4×（1＋50%）=6，则甲提速后只需要 6 分钟即可完成乙 12 分钟的注水量，所以甲注满水池共用了 12＋6＝18（分钟）。而乙注满水池总需要 12×（4＋3）÷3＝28（分钟），所以甲注满水池后，乙还需要 28－18＝10（分钟）。

**全面恢复** 解：甲管提速后的速度：

4×（1＋50%）=6。

乙管 12 分钟的注水量用提速后的甲管注入所需的时间：

$12 \times \dfrac{3}{6} = 6$（分钟）。

甲管注满 A 池用的时间：12＋6＝18（分钟）。

甲管注满 A 池后，乙管注满 B 池还需要的时间：

$12 \div \dfrac{3}{4+3} - 18 = 10$（分钟）。

答：乙管再经过 10 分钟可以注满 B 池。

**例10** 一批零件，甲、丙两人合做了 10 天，甲临时有其他生产任务，继而由丙单独做了 9 天。甲完成临时任务后，连同乙一起协助丙，三人合做了 5 天。剩下的零件由乙一人单独做了 1 天便完成。已知甲、乙、丙完成的零件总数比为 3∶2∶4。那么这批零件由甲、乙、丙三人单独做各需要多少天？

**基础延伸** 工程问题是小学数学应用题教学中的重点，是分数应用题的引申与补充，是培养学生抽象逻辑思维能力的重要工具。工程问题的基本思路就是"合做分想"和"分做合想"或者两者的综合。

工程问题的基本公式为工作效率×工作时间＝工作总量。工作时间一般为天数，如果设工作总量为"1"，那么工作效率就等于 $1÷$ 天数。

**思维愈合** 利用工程问题的基本思路，我们分别统计出三人的工作时间：

甲：$10+5=15$（天）。

乙：$5+1=6$（天）。

丙：$10+9+5=24$（天）。

而甲、乙、丙的工作总量为 $3:2:4$，所以他们的工作效率比为 $\dfrac{3}{15}:\dfrac{2}{6}:\dfrac{4}{24}$

$=\dfrac{1}{5}:\dfrac{1}{3}:\dfrac{1}{6}$。

我们此时不把工作效率比化为最简整数比，而以各自的商作为原始数据，那么工作总量就可以直接表示为 $3+2+4=9$，所以独做时各自的工作天数分别为

甲：$9÷\dfrac{1}{5}=45$（天）。

乙：$9÷\dfrac{1}{3}=27$（天）。

丙：$9÷\dfrac{1}{6}=54$（天）。

如果有同学把效率比化成了最简整数比，为 $6:10:5$，那么此时的工作总量表示为 $6×15+10×6+5×24=270$，同样能计算出独做时各自的工作天数：

甲：$270÷6=45$（天）。

乙：$270÷10=27$（天）。

丙：$270÷5=54$（天）。

**全面恢复** 解：甲、乙、丙各自的工作天数为

$10+5=15$（天），$5+1=6$（天），$10+9+5=24$（天）。

三人的工作总量为 $3+2+4=9$。

所以三人的工作效率分别为 $\dfrac{3}{15}$、$\dfrac{2}{6}$、$\dfrac{6}{24}$。

甲、乙、丙单独做时的天数分别为

$9÷\dfrac{3}{15}=45$（天），$9÷\dfrac{2}{6}=27$（天），$9÷\dfrac{6}{24}=54$（天）。

答:这批零件由甲单独做需要 45 天,由乙单独做需要 27 天,由丙单独做需要 54 天。

**例 11** 王思博想要用水来测钢球的体积。他先把一个 1 立方厘米的铁块放入注满水的容器中,使其沉入水中,把溢出的水收集好。然后再把铁块取出,把小钢球放入容器中,使其沉入水中,把溢出的水分开收集好。然后将小钢球取出,把大钢球放入容器中,使其沉入水中,但一不小心 1 立方厘米的铁块也掉入了容器,再次把溢出的水收集好。现经过测量,第一次溢出的水是第二次的 1/3,第三次溢出的水是第二次的 2 倍。两个钢球的体积各是多少?

**基础延伸** 当容器注满水时,溢出水的体积就是物体沉入水的部分的体积,如果物体完全沉入水,则溢出水的体积就是物体本身的体积。

**思维愈合** 三次溢出的水的体积比为 $1:3:6$,对应的体积分别为 $V_{铁块}$、$V_{小钢球}-V_{铁块}$、$V_{大钢球}+V_{铁块}-V_{小钢球}$,所以小钢球和铁块的体积关系为 $V_{小钢球}-V_{铁块}=3V_{铁块}$,即 $V_{小钢球}=4V_{铁块}$,而大钢球和铁块的体积关系则为 $V_{大钢球}+V_{铁块}-V_{小钢球}=6V_{铁块}$,即 $V_{大钢球}=6V_{铁块}-V_{铁块}+V_{小钢球}=9V_{铁块}$。

**全面恢复** 解:小钢球体积为

$$1 \div \frac{1}{3} + 1 = 4(\mathrm{cm}^3)。$$

大钢球体积为

$$1 \div \frac{1}{3} \times 2 - 1 + 4 = 9(\mathrm{cm}^3)。$$

答:小钢球体积为 4 立方厘米,大钢球体积为 9 立方厘米。

**例 12** 王思博骑车去谭希媛家玩,全程 34 千米,有上坡路、下坡路和平路。他骑车上坡的速度是 8 千米/时,下坡的速度是 16 千米/时,骑车走平路的速度是 10 千米/时。他去时需要 3 小时,返回时需要 3.5 小时,那么他去时经过的上坡路、下坡路和平路各为多少千米?

**基础延伸** 上坡路程 + 下坡路程 + 平路路程 = 全程路程;

上坡时间 + 下坡时间 + 平路时间 = 全程时间;

去时上坡路程 = 返程下坡路程;

去时下坡路程 = 返程上坡路程;

总上坡路程 = 总下坡路程 = 单侧总坡路程 = 单位 1;

$$往返坡路平均速度 = \frac{2}{\dfrac{1}{上坡速度} + \dfrac{1}{下坡速度}}。$$

**思维愈合** 由于王思博去时的上坡路程等于返回时的下坡路程,而去时的下坡路程等于返回时的上坡路程,所以他往返一次后总上坡路程和总下坡路程相等。所以他走坡路的平均速度为

$$2 \div \left( \frac{1}{8} + \frac{1}{16} \right) = \frac{32}{3} (千米/时)。$$

假如平路路程为0,则往返总时间为

$$68 \div \frac{32}{3} = \frac{51}{8} (时)。$$

而实际上往返一次用了 $3 + 3.5 = 6.5$(小时),所以往返一次的平路路程为

$$\left( 6.5 - \frac{51}{8} \right) \div \left( \frac{1}{10} - \frac{3}{32} \right) = 20 (千米)。$$

所以去时的平路有 $20 \div 2 = 10$(千米),

去时的上坡路和下坡路共有 $34 - 10 = 24$(千米)。

如果这24千米坡路全是上坡路,则需要用的时间为

$$24 \div 8 = 3 (时)。$$

而实际上用的时间为 $3 - 10 \div 10 = 2$(时),

所以其中下坡路程有 $(3 - 2) \div \left( \frac{1}{8} - \frac{1}{16} \right) = 16$(千米),

上坡路程有 $24 - 16 = 8$(千米)。

**全面恢复** 解:王思博往返一次的坡路平均速度为

$$2 \div \left( \frac{1}{8} + \frac{1}{16} \right) = \frac{32}{3} (千米/时)。$$

全程没有平路所需的往返时间比实际时间少:

$$3 + 3.5 - 34 \times 2 \div \frac{32}{3} = \frac{1}{8} (时)。$$

所以往返的总平路路程为

$$\frac{1}{8} \div \left( \frac{1}{10} - \frac{3}{32} \right) = 20 (千米)。$$

单侧总坡路路程为

$$34 - 20 \div 2 = 24 (千米)。$$

去时坡路全为上坡路比实际多用的时间为

$$24 \div 8 - (3 - 10 \div 10) = 1 (时)。$$

下坡路程为

$$1 \div \left( \frac{1}{8} - \frac{1}{16} \right) = 16(千米)。$$

上坡路程为

$$24 - 16 = 8(千米)。$$

答:王思博去时的上坡路为 8 千米,下坡路为 16 千米,平路为 10 千米。

**例 13** 如图 2-2-13-1 所示,直角梯形的面积为 108 平方厘米,阴影部分的面积是多少?(π 取 3.14)

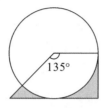

图 2-2-13-1

**基础延伸** 如图 2-2-13-2 所示,$S_{空白} : S_{总} = \pi : 4$,$S_{阴} : S_{总} = (4 - \pi) : 4$。

图 2-2-13-2

**思维愈合** 在进行计算的时候可能会遇到开方等一些还未学习的知识,我们用整体法或者比例的性质便可巧妙地避开,以达到解题的目的。

**全面恢复** 解:$S_{阴} : S_{梯} = (4 - \pi) : 4$,

$$S_{阴} = \frac{4 - 3.14}{4} \times 108 = 23.22(平方厘米)。$$

**例 14** 如图 2-2-14-1 所示,正方形的四个顶点为四个圆的圆心,这四个圆的半径均为 5 cm,阴影部分的面积是多少?

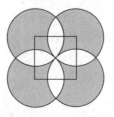

图 2-2-14-1

**基础延伸** 如图 2-2-14-2 所示，

$S_{正方形} = a^2 = \dfrac{l^2}{2}$，$l$ 为对角线。

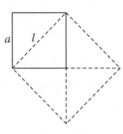

图 2-2-14-2

**思维愈合** 利用割补法，将复杂的图形变换成简单的图形往往会有事半功倍的效果。

如图 2-2-14-3 所示，将阴影部分面积转化成内接正方形的面积。

图 2-2-14-3

**全面恢复** **解**：$S_{阴} = 4 \times S_{内接正方形} = 4 \times \dfrac{l^2}{2} = 4 \times \dfrac{10^2}{2} = 200$（平方厘米）。

**例 15** 如图 2-2-15-1 所示，三角形 $ABC$ 为直角三角形，直角边 $AB$ 为圆的直径，已知线段 $AB$ 长为 20 厘米，阴影 I 面积和阴影 II 面积相等，线段 $BC$ 的长为多少？（$\pi$ 取 3.14）

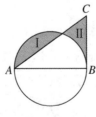

图 2-2-15-1

**基础延伸** 我们知道：

$S_{圆} = \pi r^2 = \dfrac{\pi d^2}{4}$，$S_{三角形} = \dfrac{ah}{2}$。

**思维愈合** 由阴影 I 面积和阴影 II 面积相等我们知道，半圆面积和三角形面积相等,因为三角形和半圆分别减去它们重合的空白部分即为阴影Ⅱ和阴影Ⅰ。

**全面恢复** 解:$S_{\triangle ABC} = 20 \times BC \div 2 = 10BC$,

$S_{半圆} = \dfrac{1}{4} \times \pi \times 20^2 \div 2 = 50\pi$,

又因为 $S_{\triangle ABC} = S_{半圆}$,

所以 $10BC = 50\pi$,即 $BC = 50\pi \div 10 = 15.7$(厘米)。

**例16** 一个长方体容器装有水,它的内部长 8 厘米、宽 6.5 厘米,水面的高度为 9 厘米。现将一个实心铁质圆锥直立放入容器中,圆锥底面沉到底与容器内部底面贴合,此时水的高度上升到了 12 厘米,正好淹没圆锥高度的 $\dfrac{2}{3}$,则圆锥的底面积是多少?

**基础延伸** 我们知道圆锥的体积公式为

$V_{圆锥} = \dfrac{1}{3}Sh$。

如果锥体为平行于底面的平面所截,则截得的小锥体与原锥体的体积之比等于它们对应高的立方比,可知,$\dfrac{V_{圆锥水上部分}}{V_{圆锥}} = $ 高度比的立方 $= \left(\dfrac{1}{3}\right)^3 = \dfrac{1}{27}$。

**思维愈合** 圆锥水下被淹没的体积就等于水位上升所占据容器的体积,而圆锥水下的体积与圆锥的总体积之比为 $\dfrac{26}{27}$。

**全面恢复** 解:圆锥水上部分的体积与圆锥总体积的比为

$\left(\dfrac{1}{3}\right)^3 = \dfrac{1}{27}$。

则圆锥水下部分的体积与圆锥的总体积的比为

$1 - \dfrac{1}{27} = \dfrac{26}{27}$。

所以圆锥的体积为

$8 \times 6.5 \times (12 - 9) \div \dfrac{26}{27} = 162$(立方厘米)。

圆锥的高为

$12 \div \dfrac{2}{3} = 18$(厘米)。

圆锥的底面积为

$162 \times 3 \div 18 = 27$（平方厘米）。

答：圆锥的底面积为 27 平方厘米。

**例 17**　$2018^{2019}$ 的个位数字是多少？

**基础延伸**　为方便起见，我们用 $A_m$ 来表示所有个位数字为 $m$ 的数，其中 $m = 0, 1, 2, \cdots, 9$。我们现将 $A_m{}^n$ 的个位数字进行归纳。

$A_m{}^n = A_m (m = 0, 1, 5, 6; n = 1, 2, 3, \cdots)$。

这表示，个位数字为 $0, 1, 5, 6$ 的数，与自己或与同个位数字的数相乘后所得的乘积的个位数字不变。

$A_2{}^{4n+1} = A_2$，$A_2{}^{4n+2} = A_4$，$A_2{}^{4n+3} = A_8$，$A_2{}^{4(n+1)} = A_6 (n = 0, 1, 2, 3, \cdots)$。

这表示，个位数字为 2 的数，与自己或与其他个位数字为 2 的数相乘后所得的乘积的个位数字与指数的多少或因数的个数有关，这个指数或因数的个数被 4 除余 1 则乘积的个位数字为 2，余 2 则个位数字为 4，余 3 则个位数字为 8，整除则个位数字为 6，以下同理，不再详细解释。

$A_3{}^{4n+1} = A_3$，$A_3{}^{4n+2} = A_9$，$A_3{}^{4n+3} = A_7$，$A_3{}^{4(n+1)} = A_1 (n = 0, 1, 2, 3, \cdots)$。

$A_4{}^{2n+1} = A_4$，$A_4{}^{2(n+1)} = A_6 (n = 0, 1, 2, 3, \cdots)$。

$A_7{}^{4n+1} = A_7$，$A_7{}^{4n+2} = A_9$，$A_7{}^{4n+3} = A_3$，$A_7{}^{4(n+1)} = A_1 (n = 0, 1, 2, 3, \cdots)$。

$A_8{}^{4n+1} = A_8$，$A_8{}^{4n+2} = A_4$，$A_8{}^{4n+3} = A_2$，$A_8{}^{4(n+1)} = A_6 (n = 0, 1, 2, 3, \cdots)$。

$A_9{}^{2n+1} = A_9$，$A_9{}^{2(n+1)} = A_1 (n = 0, 1, 2, 3, \cdots)$。

**思维愈合**　对于 $2018^{2019}$ 这个数，我们知道 2018 的乘积的个位数字的变化周期为 4，所以我们只需求出 4 除它的指数 2019 所得的余数，便可确定其个位数字。

**全面恢复**　解：$2019 = 4 \times 504 + 3$。

$2018^{2019}$ 的个位数字与 $8^3$ 个位数字相同，而 $8^3$ 的个位数字为 2，所以 $2018^{2019}$ 的个位数字也为 2。

**例 18**　平面上的 30 条直线，最多能把平面分成多少个部分？

**基础延伸**　直线分平面部分数为最多时，需满足以下条件：

(1) 没有任何两条直线是重合或平行的。

(2) 没有任何三条直线经过同一点。

我们先来分析一下几种特殊的情况：

a. 所有的直线都重合，则只能把平面分成两个部分。

b. 所有的直线都平行（不含重合的情况），则画第 1 条直线的时候，平面的部分数在原有的 1 部分上增加了 1 部分，紧接着画第 2 条、第 3 条……也是每次画线的时候增加 1 部分,所以画 $n$ 条直线就增加了 $n$ 部分,即 $n$ 条平行的直线可以把平面分成 $(n+1)$ 个部分。

c.所有的直线都相交于同一点(不含重合的情况),则画第 1 条直线的时候,平面的部分数在原有的 1 部分上增加了 1 部分,紧接着画第 2 条、第 3 条……每次都是经过这相交的一点把一组对顶角分开,即每次增加 2 部分,所以 $n$ 条相交于一点的直线把平面分成 $2n$ 个部分。

思维愈合　对于不重合、不平行、三线不共点的情况,为了便于思考,我们不妨用一个矩形来表示向四周无限延伸的平面,如图 $2-2-18-1$ 所示。

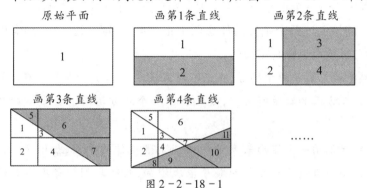

图 $2-2-18-1$

原始平面只有 1 部分,我们把它标记为 1,当我们画第 1 条直线时,平面增加 1 个部分,我们把增加的部分涂上阴影以便区分,标记为 2;当我们画第 2 条直线时,平面增加 2 个部分;画第 3 条直线则增加 3 个部分。依此类推,当我们画第 $n$ 条直线时,平面就会增加 $n$ 个部分。

于是我们可以得到一个结论:$n$ 条不重合、不平行、三线不共点的直线可以把平面分成的部分数为

$$N = 1 + 1 + 2 + 3 + 4 + \cdots + n$$

$$= 1 + \frac{n(n+1)}{2}。$$

而这个公式,也满足直线分平面部分最多的条件,只需把直线条数代入即可。

全面恢复　解:30 条直线最多可把平面分成的部分数为

$$N = 1 + \frac{30 \times (30+1)}{2} = 466(个)。$$

答:30 条直线最多能把平面分成 466 个部分。

例 19　平面上的 5 个正方形,最多能把平面分成多少个部分?

奥数与游戏

**基础延伸** 正方形分平面部分数为最多时,需满足以下条件:

(1)任意两正方形的边长比值应在 $\frac{\sqrt{2}}{2}$ 与 $\sqrt{2}$ 之间。

(2)任意两正方形的中心应尽量接近或重合,以确保其中任意一个正方形的 4 个顶点均在另一个正方形之外。

上述条件 1 是条件 2 的必要条件,若是条件 1 不满足,那么两个正方形中心重合时的,无论怎样旋转,一定是其中一个正方形完全在另一个正方形之内,不能确保其中任意一个正方形的 4 个顶点均在另一个正方形之外。

对于满足上述两个条件的任意两个正方形,一定是边长没有相互重合、平行或垂直,且顶点也没有重合的。

**思维愈合** 为了便于思考,我们不妨假设这些正方形为中心重合的全等正方形,无论正方形的数量有多少,都相当于一个正方形沿着其中心旋转复制而得到。

同样,我们用一个矩形来表示向四周无限延伸的平面,如图 2-2-19-1 所示,正方形个数按照自然数的顺序依次增加,此时我们把每次增加的平面部分涂上阴影,以便寻找其中规律。

| 原始平面 | 画第 1 个正方形 | 画第 2 个正方形 |
|---|---|---|

| 画第 3 个正方形 | 画第 4 个正方形 | |
|---|---|---|

...... 

图 2-2-19-1

原始平面只有 1 部分,画第 1 个正方形时,平面增加 1 个部分;画第 2 个正方形时,平面增加 8 个部分;画第 3 个正方形则增加 16 个部分。依此类推,当我们画第 $n$ 个正方形时,平面增加的部分数为 $8(n-1)$。

于是我们可以得到一个结论:$n$ 个正方形最多可以把平面分成的部分数为

$$N = 1 + 1 + 8 + 16 + \cdots + 8(n-1)$$

$$= 2 + 8 \times [1 + 2 + \cdots + (n-1)] = 2 + 4n(n-1)。$$

解:5 个正方形最多可把平面分成的部分数为

$N = 2 + 4 \times 5 \times (5-1) = 82$。

答:5 个正方形最多能把平面分成 82 个部分。

**例 20** 一条绳子对折 8 次后从中间剪断,可以得到多少段绳子?

绳子对折 $n$ 次后被折成 $2^n$ 条线段。

对折第 1 次新增 1 个弯折,对折第 2 次新增 2 个弯折,对折第 3 次新增 4 个弯折……依此类推,绳子对折 $n$ 次,新增 $2^{n-1}$ 个弯折,所以对折 $n$ 次后产生的总弯折数为

$$
\begin{aligned}
N &= 1 + 2 + 4 + 8 + \cdots + 2^{n-1} \\
&= 1 + 1 + 2 + 4 + 8 + \cdots + 2^{n-1} - 1 \\
&= 2 + 2 + 4 + 8 + \cdots + 2^{n-1} - 1 \\
&= 4 + 4 + 8 + \cdots + 2^{n-1} - 1 \\
&= \cdots \\
&= 2^{n-1} + 2^{n-1} - 1 \\
&= 2^n - 1
\end{aligned}
$$

这个过程旨在引导同学们思考,并不一定要全部写出来,熟练的同学也可用下面的方法进行求解。

$$
\begin{aligned}
N &= 2 \times (1 + 2 + 4 + 8 + \cdots + 2^{n-1}) - (1 + 2 + 4 + 8 + \cdots + 2^{n-1}) \\
&= 2 + 4 + 8 + 16 + \cdots + 2^n - (1 + 2 + 4 + 8 + \cdots + 2^{n-1}) \\
&= 2^n - 1
\end{aligned}
$$

绳子对折 $n$ 次从中间剪断后,则形成 $2^{n+1}$ 条线段,减去弯折数 $(2^n - 1)$ 即为绳子的段数。

我们也可以这样思考,一条绳子有 $n$ 个断口,那么绳子就有 $(n+1)$ 段,我们不难知道本题的断口数即为对折 $n$ 次后被折成的线段数 $2^n$,那么绳子就有 $(2^n + 1)$ 段。

解法一:线段数减去弯折数,

$2^{n+1} - (2^n - 1) = 2^n + 1 = 2^8 + 1 = 257$。

解法二:断口数 +1,

$2^n + 1 = 2^8 + 1 = 257$。

答:可以得到 257 段绳子。

**例 21** 在前 2018 个正整数中,最多可以选出多少个数,使得这些数中任意两个数的差不等于 18?

**基础延伸** 为了让可选出的数最多,我们按照顺序挨个来选,在前 18 个正整数中,任意两个数的差都小于 18,差为 18 的数从 19 开始出现,因为 19 - 1 = 18,18 的 2 倍为 36,所以在前 36 个数中,最多可选出 18 个数满足题目要求,其中之一的选法就是选 1～18 这 18 个数,以后再增加 19～36 中的任意一数,都会产生差为 18 的结果。于是我们得出结论,每连续 36 个数中最多可以选出 18 个数,使得这些数中任意两个数的差不等于 18。

**思维愈合** 我们用 2018 除以 36,看看可以分成多少组,每一组都可以选出 18 个数,余数的前 18 个也可选出,于是这道题便得以解决。

**全面恢复** 解:$2018 \div 36 = 56 \cdots\cdots 2$。

每 36 个数为一组,可选出前 18 个数满足条件,这样的数组有 56 组,余下的两个数在第 57 组的前 18 个内,所以满足条件的数的个数有:

$18 \times 56 + 2 = 1010$(个)。

答:在前 2018 个正整数中,最多可以选出 1010 个数,使得这些数中任意两个数的差不等于 18。

**例 22** 在长方形的纸内共有 92 个点,连同长方形的 4 个顶点一共有 96 个点,并且这 96 个点没有三点共线的情况。现要将这张纸剪成三角形,要求每个三角形的三个顶点都是这 96 个点中的点,且每个三角形内部不包含这些点,那么一共可以剪出多少个三角形?

**基础延伸** 如图 2-2-22-1 所示,长方形纸内没有点时可以剪出 2 个三角形;放入第 1 个点时,新增 2 个三角形;放入第 2 个点时又新增 2 个三角形……于是我们可以归纳出:长方形纸内放入第 $n$ 个三角形时也新增 2 个三角形。于是当长方形内有 $n$ 个点时,三角形总数为 $N = 2 + 2n$。

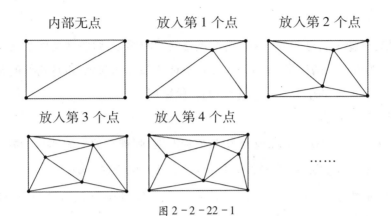

图 2 - 2 - 22 - 1

**思维愈合** 对于上文所归纳的每增加 1 个点就会增加 2 个三角形的结论,我们在此做进一步分析验证。我们在裁剪三角形时,若按照由三角形内部无点到新增到 $n$ 个点依次剪裁,也就是新增一个点,剪一次三角形,我们不难发现每一次新增的点必然会在上一次剪裁完后的所有三角形中其中一个三角形内部,因为题目中有明确指出这 96 个点没有三点共线的情况,也就是说新增的点不会在三角形的边线上。三角形内部的点可以把原来的 1 个三角形裁剪成 3 个三角形,即增加了 2 个三角形。如果我们按照这个步骤来裁剪的话,就可以得到下面一种情况。如图 2 - 2 - 22 - 2 所示,其中阴影部分就是每新增的那个点使三角形由 1 个变 3 个的区域,由此我们可以验证上述归纳的正确性。

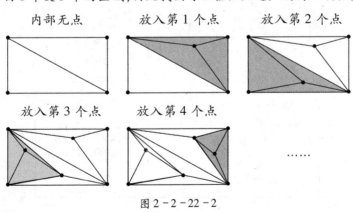

图 2 - 2 - 22 - 2

**全面恢复** 解:$2 + 2 \times 92 = 186$(个)。

答:一共可以剪出 186 个三角形。

**例 23** 在一次测试中,六年级的谭希媛答错的题数恰好是总题数的 1/9,五年级的陈嘉怡答对了 14 题,两人都答对的题数占总题数的 1/6,那么谭希媛

答对了多少题?

**基础延伸** 这是一道典型的有关重叠问题的题目,解答这类问题的方法就是:先不考虑重叠的情况,把有重复的几个计数部分加起来,再从它们的和中排除重复部分元素的个数,这就是所谓的容斥原理。

容斥原理包含两个基本公式:

(1)如果被计数的对象被分为 $A$、$B$ 两大类,则被计数对象的总个数 $= A$ 类元素的个数 $+ B$ 类元素的个数 $-$ 同属 $A$ 类和 $B$ 类的元素个数。

(2)如果被计数的对象被分为 $A$、$B$、$C$ 三大类,则被计数对象的总个数 $= A$ 类元素的个数 $+ B$ 类元素的个数 $+ C$ 类元素的个数 $-$ 同属 $A$ 类和 $B$ 类的元素个数 $-$ 同属 $A$ 类和 $C$ 类的元素个数 $-$ 同属 $B$ 类和 $C$ 类的元素个数 $+$ 同属 $A$、$B$、$C$ 三类的元素个数。

解题的关键是画示意图,若被计数的对象能完全分为两类或者三类,则用两个或三个两两相交的圆圈来表示不同的类型;若被计数的对象不能完全分为两类或者三类,还有一部分在这两类或三类之外,则在矩形内用两个或三个两两相交的圆圈来表示不同的类型,用矩形抠掉圆圈区域所剩的部分来表示这两类或三类之外的元素,此时矩形就表示整个系统,如图 2-2-23-1 所示。

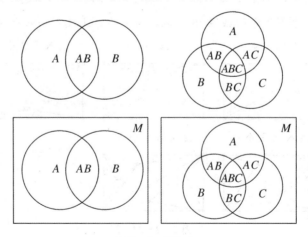

图 2-2-23-1

图 2-2-23-1 中的字母代表各分类,而非表示所属区域的元素个数,所属区域的元素个数计算如图 2-2-23-2 所示,此时分类代表的数值写在圈外或者矩形外。

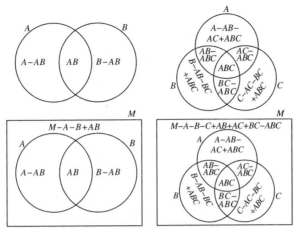

图 2 - 2 - 23 - 2

**思维愈合** 本题属于 $ABM$ 型重叠。如图 $2-2-23-3$ 所示,设总题数为 $M$ , $A$ 为谭希媛答对的题数, $B$ 为陈嘉怡答对的题数, $a$ 为仅谭希媛答对的题数, $b$ 为仅陈嘉怡答对的题数, $d$ 为两人都答对的题数, $c$ 为两人都答错的题数,由已知可得

$$b+c=\frac{1}{9}M, B=b+d, d=\frac{1}{6}M, A=M-\frac{1}{9}M=\frac{8}{9}M。$$

上述式子说明, $M$ 应为 $[6,9]=18$ 的倍数,我们只要给 $M$ 按照 $18$ 的倍数赋值即可。

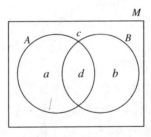

图 2 - 2 - 23 - 3

**全面恢复** **解:** 因为总题数能同时被 $6$ 和 $9$ 整除,所以总题数应为 $18$ 的倍数。

如图 $2-2-23-4$ 所示,设总题数为 $M$ , $a$ 为仅谭希媛答对的题数, $b$ 为仅陈嘉怡答对的题数, $d$ 为两人都答对的题数, $c$ 为两人都答错的题数。

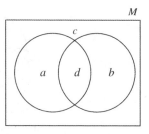

图 2-2-23-4

由已知得,

$$b+d=14, b+c=\frac{1}{9}M, d=\frac{1}{6}M, A=M-\frac{1}{9}M=\frac{8}{9}M,$$

当 $M=18$ 时,$b+c=2, d=3, b=11, 11+c\neq2$,矛盾;

当 $M=36$ 时,$b+c=4, d=6, b=8, 8+c\neq4$,矛盾;

当 $M=54$ 时,$b+c=6, d=9, b=5, c=1$,符合题意;

当 $M=72$ 时,$b+c=8, d=12, b=2, c=6$,符合题意;

当 $M\geq90$ 时,$b+c\geq10, d\geq15, b+d\neq14$,矛盾。

所以,当 $M$ 取 54 时,谭希媛答对了 $54-6=45$(题);当 $M$ 取 72 时,谭希媛答对了 $72-8=64$(题)。

答:总题数为 54、72 时,谭希媛分别答对了 45 题、64 题。

**例24** 将 1 L 的某种溶液倒入过滤器的漏斗中进行过滤,每一次可倒 100 mL 或 200 mL,则共有多少种倒法?

**基础延伸** 解答这道题目,我们就要先了解一下斐波那契数列。斐波那契数列指的是这样一个数列:$1,1,2,3,5,8,13,21,34,55,89,144,\cdots$ 这个数列从第三项开始,每一项都等于前两项之和。

我们再来分析一下上楼梯问题:有一段楼梯有 $n$ 级台阶,规定每一步只能跨上一级或者两级,要登上第 $n$ 级台阶有多少种不同的登法? 这种上楼梯的走法种数就是一个斐波那契数列,只不过它是从第二项开始的,即登上第 1 级台阶有 1 种登法,登上第 2 级台阶有 2 种登法,登上第 3 级台阶有 3 种登法……依此类推,登法从第 1 级开始依次为 $1,2,3,5,8,13,\cdots$

**思维愈合** 将倒溶液问题转化为上楼梯问题,需要注意的是操作中的两种量必须是成 2 倍的关系,然后用总量除以较小的量来算出楼梯总级数即可。

**全面恢复** **解**:$1 L=1000$ mL,$1000\div100=10$,

因为上楼梯 1~10 级的登法依次为 $1,2,3,5,8,13,21,34,55,89$,故溶液倒法有 89 种。

答:共有 89 种倒法。

**例 25** 王思博从向下运动的自动扶梯一级一级匀速往下走,走到底跨了 30 级,到了下面后反向以下楼时 4 倍的速度一级一级走了 60 级才回到楼上,那么这个扶梯静止时可以看到多少级楼梯?

**基础延伸** 自动扶梯问题是奥数中常见的一种题型。人站在扶梯上不动的时候,相当于扶梯在帮人行走,行走的级数即为扶梯的可见级数,这个可见级数就是楼梯静止时可以看到的级数。

当人顺向行走时,每走 1 级,扶梯就少走 1 级,也就是说,人走的级数加上扶梯走的级数才是扶梯的可见级数。

当人逆向行走时,若人的速度比扶梯慢,这个时候人的目的地看作是扶梯运行的方向,相当于人在帮倒忙,此时扶梯走的级数减去人走的级数才等于扶梯的可见级数;若人的速度比扶梯快,这个时候人的目的地看作是扶梯运动的反方向,相当于扶梯在帮倒忙,此时人走的级数减去扶梯走的级数才等于扶梯的可见级数。

简言之,逆行时谁的速度快,就相当于另一个在帮倒忙,把帮倒忙的级数减去即可。

**思维愈合** 我们不管扶梯的运动,先考虑人的运送速度。题中讲到上楼时以下楼 4 倍的速度走了 60 级,则在这个时间里若是以正常速度走的话才能走 $60 \div 4 = 15$(级),而在正常速度情况下,下楼走了 30 级,也就是说下楼的时间是上楼时间的 $30 \div 15 = 2$ 倍,那么扶梯下楼、上楼运行的时间也满足 2 倍关系,从而推出扶梯下楼、上楼运行的级数也满足两倍关系,本题得解。

**全面恢复** **解:**设扶梯的可见级数为 $n$,则下楼时扶梯走的级数为 $n - 30$,上楼时扶梯走的级数为 $60 - n$,由题意列方程:

$$\frac{n - 30}{60 - n} = 30 \div (60 \div 4)。$$

解得 $n = 50$。

答:扶梯静止时可以看到 50 级楼梯。

**例 26** 如图 2-2-26-1 所示为一个 7×9 的方格棋盘,左下角有一枚棋子,王思博和谭希媛两人轮流走这枚棋子,每人每次只能沿着 $x$ 增大、$y$ 增大或同时增大的方向走一格,图中 1 号、2 号、3 号三格就是先手可以到达的地方,谁将棋子走入右上角的 4 号方格中谁就获胜,则如何操作才有必胜的把握?

奥数与游戏

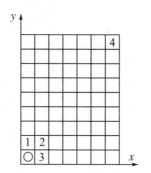

图 2 - 2 - 26 - 1

**基础延伸** 一般情况下,遇到方格问题就往"染色"方面想,数学中的"染色"主要包含两个方面:染色问题和染色方法。一般要求计算有多少种染法的即为染色问题,而运用染色来形象、直观地进行分析并解决问题的即为染色方法。

**思维愈合** 如图 2 - 2 - 26 - 2 所示,我们把偶数行和偶数列的格子都涂黑,发现 4 号格子为白色,只要把对手控制在黑色方格即可获胜。

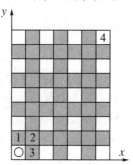

图 2 - 2 - 26 - 2

先手第一步肯定会走入黑色方格,后手只要复制先手的动作即可进入白色方格:先手向右、向上、向右上移动,后手只要跟着向右、向上、向右上移动即可,直至进入 4 方格。

**全面恢复** 答:获得后手权,完全复制先手动作即可获胜。

**例 27** 三个盘子分别盛有 21 块牛肉、22 块红烧肉、23 块驴肉。王思博和谭希媛两人轮流夹肉吃,规则是每人每次只能吃一种肉,最少吃一块,最多可以全盘吃光,三盘肉可以任意选择,谁吃到最后一盘的最后一块肉谁就获胜。如果王思博先吃,他应该采取怎样的策略才能获胜?

**基础延伸** 如果三盘肉的数量分别为 1 块、2 块、3 块,在这种情况下,谁先吃谁就输,后手都可以把三盘肉吃剩为两盘等数量的肉,我们把这样的情况称为"必输局":先手无论怎么吃,后手都可以从另一个盘子中吃同样数量的肉,而最终达到吃到最后一块肉的目的。必输局的条件是一个 1，两奇一偶，且非 1 的两数之差为 1，这种情况的全部结果见表 2-2-27-1。

表 2-2-27-1 必输局的全部结果

| 序号 | 初始肉数 | 先手吃法 | 吃后肉数 | 后手吃法 | 吃后肉数 | 取胜吃法 |
|------|----------|----------|----------|----------|----------|----------|
| 1 | 1-2-3 | 盘 1 吃 1 | 0-2-3 | 盘 3 吃 1 | 0-2-2 | 先手无论 |
| 2 | 1-2-3 | 盘 2 吃 1 | 1-1-3 | 盘 3 吃 3 | 1-1-0 | 怎么吃， |
| 3 | 1-2-3 | 盘 2 吃 2 | 1-0-3 | 盘 3 吃 3 | 1-0-1 | 后手从另 |
| 4 | 1-2-3 | 盘 1 吃 1 | 0-2-3 | 盘 1 吃 1 | 0-2-2 | 一盘模仿 |
| 5 | 1-2-3 | 盘 3 吃 2 | 1-2-1 | 盘 2 吃 2 | 1-0-1 | 即可 |
| 6 | 1-2-3 | 盘 3 吃 3 | 1-2-0 | 盘 2 吃 2 | 1-1-0 | |

**思维愈合** 现在既然要求先手获胜，那么就必须想方设法构造"必输局"，从而让对方面对"必输局"以达到获胜的目的。王思博第一次吃掉 20 块牛肉，这样剩下的三盘肉分别为 1 块牛肉、22 块红烧肉、23 块驴肉，这个就是"必输局"（1+22＝23），这样，谭希媛无论采取何种吃法，必定破坏"必输局"特征，王思博可以再度制造新的"必输局"，直到出现"1,2,3"为止，从而获得胜利。

**全面恢复** 答：王思博获胜的策略是先吃掉 20 块牛肉，令谭希媛不得吃牛肉，因为她若吃牛肉，王思博只需要吃 1 块驴肉即可得到两盘相同数量的肉，直接进入取胜吃法。

谭希媛吃红烧肉或驴肉，无非三种情况：

（1）吃完其中一盘，那么王思博把另一盘吃剩为 1 块肉，即可和先前的 1 块牛肉形成两盘数量为 1 的肉，进入取胜吃法。

（2）吃其中一盘直至剩余 1 块肉，那么王思博把剩下的那一盘吃光，也可和先前的 1 块牛肉形成两盘数量为 1 的肉，进入取胜吃法。

（3）吃其中一盘剩余 2 块及以上，那么王思博吃另一盘剩余比前一盘多 1 块或少 1 块，这样又进入了"必输局"，直到出现"1,2,3"为止，从而获得胜利。

**例 28** $n$ 个小朋友拉手围成一个最大的圈扮演小鸡，王思博和谭希媛站在圈中间扮演老鹰。两只"老鹰"轮流抓"小鸡"，每一次只能抓走一只或者相邻的两只，被抓走后的"小鸡"的位置上就会留出一个空缺，凡有空缺不算作相邻。两只"老鹰"谁抓到最后一只"小鸡"谁就获胜，则"老鹰"是否有获胜的策略？（$n>2$）

**基础延伸** 这种题型和控制拿球的问题类似,但又有所不同,控制拿球的问题的取胜策略是控制某些特殊序号的归属以便达到获胜的目的,而这种题型存在相邻与不相邻的情况,比如同样剩余两只相邻和不相邻的"小鸡",却会得到不同的结果。

**思维愈合** 先手"老鹰"无论抓一只"小鸡"还是抓两只"小鸡",总会使圆圈出现一个缺口而形成一个较大的圆弧,那么后手"老鹰"只要抓到圆弧的中间"小鸡",就可以把较大的圆弧分成两个较小的完全对称的圆弧。具体抓法为:若较大圆弧的"小鸡"的数量是奇数,则抓中间一只;若较大圆弧的"小鸡"的数量是偶数,则抓中间两只。然后,面对两个对称的圆弧,后手"老鹰"只要等先手老鹰抓了"小鸡"后,在另一个圆弧上采取对称抓法,就能保证获胜。

**全面恢复** 答:后手"老鹰"有必胜的策略。等先手"老鹰"抓取"小鸡"后,圆圈就变成一个圆弧,根据剩余"小鸡"的数量的奇偶性,来抓取圆弧中间的一只"小鸡"或两只"小鸡",把圆弧变成两个较小的对称圆弧,继而采取对称抓法以抓到最后一只"小鸡"而获得胜利。

**例 29** 能否用图 2－2－29－1 中几种形状的卡片拼成一个边长为 99 的正方形?(卡片不得剪开,数量不限,其中每个小方格的边长为 1)

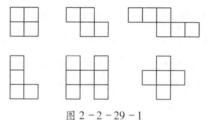

图 2－2－29－1

**基础延伸** 本题可用染色中的染色方法进行思考。我们把这 6 种基本图形按照黑白相间的方法进行染色,不难知道,只要不进行修剪,同一个图形的同种颜色的相对位置是不会改变的。如图 2－2－29－2 所示,为染色的所有情况。

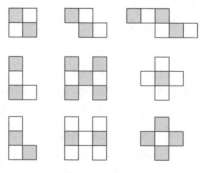

图 2－2－29－2

**思维愈合** 我们知道,边长为99的正方形中的小方格数为奇数,即黑白颜色的差值为1,而这6种形状染成的9种图形当中,黑白颜色的差值为0或3,也就是说无论采取何种拼图操作,组合成的图形的黑白颜色的差值只能为0或3的倍数,与99×99方格黑白颜色差值1矛盾,即不能用图中的6种形状拼成边长为99的正方形。

**全面恢复** 答:不能。

**例30** 图2-2-30-1所示方格中交替填满了数字0和8,图2-2-30-2所示为从图2-2-30-1中选图形 、、 对准小方格在任意位置覆盖若干次而成,覆盖时每个小方格统一加8或者减8,那么图2-2-30-2中 $A$ 的值是多少?

| 8 | 0 | 8 | 0 | 8 | 0 | 8 | 0 |
|---|---|---|---|---|---|---|---|
| 0 | 8 | 0 | 8 | 0 | 8 | 0 | 8 |
| 8 | 0 | 8 | 0 | 8 | 0 | 8 | 0 |
| 0 | 8 | 0 | 8 | 0 | 8 | 0 | 8 |
| 8 | 0 | 8 | 0 | 8 | 0 | 8 | 0 |
| 0 | 8 | 0 | 8 | 0 | 8 | 0 | 8 |
| 8 | 0 | 8 | 0 | 8 | 0 | 8 | 0 |
| 0 | 8 | 0 | 8 | 0 | 8 | 0 | 8 |

图2-2-30-1

| 8 | 8 | 8 | 8 | 8 | 8 | 8 | 8 |
|---|---|---|---|---|---|---|---|
| 8 | 8 | 8 | 8 | 8 | 8 | 8 | 8 |
| 8 | 8 | 8 | 8 | 8 | 8 | 8 | 8 |
| 8 | 8 | 8 | 8 | 8 | 8 | 8 | 8 |
| 8 | $A$ | 8 | 8 | 8 | 8 | 8 | 8 |
| 8 | 8 | 8 | 8 | 8 | 8 | 8 | 8 |
| 8 | 8 | 8 | 8 | 8 | 8 | 8 | 8 |
| 8 | 8 | 8 | 8 | 8 | 8 | 8 | 8 |

图2-2-30-2

**基础延伸** 本题使用染色方法解决。

将图2-2-30-1和图2-2-30-2用黑白相间的方式染色,染色后如图2-2-30-3和图2-2-30-4所示。我们把三种图形的6种变换模式染色后全部写出来,如图2-2-30-5所示。

| 8 | 0 | 8 | 0 | 8 | 0 | 8 | 0 |
|---|---|---|---|---|---|---|---|
| 0 | 8 | 0 | 8 | 0 | 8 | 0 | 8 |
| 8 | 0 | 8 | 0 | 8 | 0 | 8 | 0 |
| 0 | 8 | 0 | 8 | 0 | 8 | 0 | 8 |
| 8 | 0 | 8 | 0 | 8 | 0 | 8 | 0 |
| 0 | 8 | 0 | 8 | 0 | 8 | 0 | 8 |
| 8 | 0 | 8 | 0 | 8 | 0 | 8 | 0 |
| 0 | 8 | 0 | 8 | 0 | 8 | 0 | 8 |

图2-2-30-3

| 8 | 8 | 8 | 8 | 8 | 8 | 8 | 8 |
|---|---|---|---|---|---|---|---|
| 8 | 8 | 8 | 8 | 8 | 8 | 8 | 8 |
| 8 | 8 | 8 | 8 | 8 | 8 | 8 | 8 |
| 8 | 8 | 8 | 8 | 8 | 8 | 8 | 8 |
| 8 | $A$ | 8 | 8 | 8 | 8 | 8 | 8 |
| 8 | 8 | 8 | 8 | 8 | 8 | 8 | 8 |
| 8 | 8 | 8 | 8 | 8 | 8 | 8 | 8 |
| 8 | 8 | 8 | 8 | 8 | 8 | 8 | 8 |

图2-2-30-4

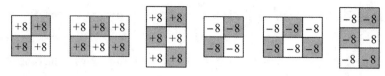

图 2 - 2 - 30 - 5

**思维愈合** 从图 2 - 2 - 30 - 3 可知,白色数字之和减去黑色数字之和的差为 $8 \times 4 \times 8 - 0 = 256$,而图 2 - 2 - 30 - 5 中 6 种变换的黑白数字之差均为 0,所以变换后图 2 - 2 - 30 - 4 也应满足白色数字之和减去黑色数字之和的差为 256,于是 $A$ 就不难算出来了。

**全面恢复** 解:$8 \times 4 \times 8 - 0 = 256$,

$A - 8 = 256$,

$A = 264$。

答:$A$ 的值为 264。

**例 31** 下面的式子除以 17 的余数是多少?

$1234 \times 5678 - 2018 + 21 \times 218 + 1735^{2018}$

**基础延伸** 当被除数是一个算式的时候,余数求法如下:

(1)乘法:计算各因数的余数,再把余数相乘,用余数的积除以除数,得到的新的余数即为原式的余数。

例:求 $(23 \times 38) \div 5$ 的余数。

$23 \div 5 = 4 \cdots \cdots 3$, $38 \div 5 = 7 \cdots \cdots 3$。

$3 \times 3 \div 5 = 1 \cdots \cdots 4$。

所以 $(23 \times 38) \div 5$ 的余数为 4。

(2)加法:计算各加数的余数,再把余数相加,用余数的和除以除数,得到的新的余数即为原式的余数。

例:求 $(8 + 14 + 22) \div 5$ 的余数。

$8 \div 5 = 1 \cdots \cdots 3$, $14 \div 5 = 2 \cdots \cdots 4$, $22 \div 5 = 4 \cdots \cdots 2$,

$(3 + 4 + 2) \div 5 = 1 \cdots \cdots 4$。

所以 $(8 + 14 + 22) \div 5$ 的余数为 4。

(3)减法:计算被减数和减数的余数,按照原来的运算符号将余数相减,差为正数时,用差除以除数得到的新的余数即为原式的余数;差为负数时,加上除数的整数倍,以保证不再是负数时,再用这个值除以除数,此时得到的新的余数,才是原式的余数。

例:$(8-14-22) \div 5$ 的余数。

$8 \div 5 = 1 \cdots 3$,$14 \div 5 = 2 \cdots 4$,$22 \div 5 = 4 \cdots 2$。

$\left[ (3-4-2) +5 \right] \div 5 = 0 \cdots 2$。

所以 $(8-14-22) \div 5$ 的余数为 2。

**思维愈合** 乘方按照乘法方法来求解。

**全面恢复** 解:$1234 \div 17 = 72 \cdots 10$,

$5678 \div 17 = 334 \cdots 0$,

$2018 \div 17 = 118 \cdots 12$,

$21 \div 17 = 1 \cdots 4$,

$218 \div 17 = 12 \cdots 14$,

$1735 \div 17 = 102 \cdots 1$,

$(10 \times 0 - 12 + 4 \times 14 + 1^{2018}) \div 17 = 45 \div 17 = 2 \cdots 11$,

答:原式除以 17 的余数为 11。

**例 32** 有一个正整数,用它去除 234 余 $(n-2)$,去除 421 余 $n$,去除 682 余 $(n+2)$,那么 $n$ 为多少?

**基础延伸** 我们知道减法算式的余数求法,根据这个方法不难推出这样的结论:对于同一个除数,被除数的差减去对应余数的差,可以作为除数的一个倍数。

例:$7 \div 5 = 1 \cdots 2$,$98 \div 5 = 19 \cdots 3$,

$(98-7) - (3-2) = 90 = 5 \times 18$。

式中 $(98-7)$ 为被除数的差,$(3-2)$ 为对应余数的差,90 为除数 5 的一个倍数。

**思维愈合** 本题中,我们知道几个被除数和对应的余数,于是寻找除数的倍数就容易多了。

**全面恢复** 解:$(421-234) - \left[ n - (n-2) \right] = 185$。

$(682-421) - (n+2-n) = 259$。

这样,除数的两个倍数为 185、259,

$(185,259) = 37$,

$421 \div 37 = 11 \cdots\cdots 14$。

所以, $n$ 为 14。

**例 33** 含有数字 3 且是 3 的倍数的四位数有多少个?

**基础延伸** 一个数,若各数位上的数字之和为 3 的倍数,那么这个数必能被 3 整除。

(1)两位数 $\overline{ab}$,若 $(a+b)$ 为 3 的倍数,那么

$$\overline{ab} = 10a + b = 9a + (a+b),$$

$9a$ 能被 3 整除,$(a+b)$ 能被 3 整除,所以 $\overline{ab}$ 能被 3 整除。

(2)三位数 $\overline{abc}$,若 $(a+b+c)$ 为 3 的倍数,那么

$$\overline{abc} = 100a + 10b + c = 99a + 9b + (a+b+c),$$

$99a$ 能被 3 整除,$9b$ 能被 3 整除,$(a+b+c)$ 能被 3 整除,所以 $\overline{abc}$ 能被 3 整除。

(3)归纳可知,对于任意多位数 $\overline{a_1 a_2 a_3 \cdots a_n}$,若满足

$(a_1 + a_2 + a_3 + \cdots + a_n)$ 为 3 的倍数,那么

$$\overline{a_1 a_2 a_3 \cdots a_n} = 10^{n-1} a_1 + 10^{n-2} a_2 + 10^{n-3} a_3 + \cdots + a_n$$

$$= (10^{n-1} - 1) a_1 + (10^{n-2} - 1) a_2 + \cdots + 9 a_{n-1} + (a_1 + a_2 + a_3 + \cdots + a_n)$$

其中的每一项都能被 3 整除,所以 $\overline{a_1 a_2 a_3 \cdots a_n}$ 能被 3 整除。

**思维愈合** 有的时候采取排除法,会大大降低思考难度,简化计算过程。本题我们可以求出所有是 3 的倍数的四位数个数,再减去不含 3 的部分即为所求。

**全面恢复** 解:$1 \sim 999$ 中 3 的倍数有:

$[999 \div 3] = 333$(个)。

$1 \sim 9999$ 中 3 的倍数有:

$[9999 \div 3] = 3333$(个)。

$1000 \sim 9999$ 中 3 的倍数有:

$3333 - 333 = 3000$(个)。

不含 3 的且是 3 的倍数的四位数,其千位上的数字不能为 0 和 3,故其有 8 种选法,百位和十位上不能为 3,有 9 种选法,个位上的数字有 3 种选法:因为前 3 位数字之和除以 3 的余数可能为 0,1,2,它们出现的概率是均等的,各占三分之一,这样根据余数 0,1,2 的不同而只能选择 0,6,9 或 2,5,8 或 1,4,7。

所以不含 3 的且是 3 的倍数的四位数有:

$8 \times 9 \times 9 \times 3 = 1944(个)$ 或 $8 \times 9 \times 9 \times \frac{1}{3} \times 9 = 1944(个)$。

则含有数字 3 且是 3 的倍数的四位数有:

$3000 - 1944 = 1056(个)$。

答:含有数字 3 且是 3 的倍数的四位数有 1056 个。

**例 34** $\overline{abc}$ 代表百位数字为 $a$,十位数字为 $b$,个位数字为 $c$ 的三位数,且 $a$, $b$,$c$ 各不相等,那么 $\dfrac{\overline{abc}}{a+b+c}$ 的最小值为多少?

**基础延伸** 为了方便起见,一般把 $\overline{abc}$ 化成 $(100a + 10b + c)$ 的形式参与计算。

**思维愈合** 既然 $\overline{abc}$ 为三位数,那么 $a$ 的取值在 $1 \sim 9$ 之间,$b$ 和 $c$ 的取值在 $0 \sim 9$ 之间。这种题型,一般采取凑分母的方法,将式子进行化简,以便赋值计算。

**全面恢复** 解:$\overline{abc} = 100a + 10b + c$

$$\frac{\overline{abc}}{a+b+c} = \frac{100a + 10b + c}{a+b+c}$$

$$= \frac{(99+1)a + (9+1)b + c}{a+b+c}$$

$$= \frac{99a + 9b + (a+b+c)}{a+b+c}$$

$$= 1 + \frac{99a + 9b}{a+b+c}$$

为了使其最小,那么 $c$ 应尽可能取大,取 $c = 9$,

$$原式 = 1 + \frac{99a + 9b}{a+b+9}$$

$$= 1 + \frac{(9a+9b) + 90a}{a+b+9}$$

$$= 1 + \frac{(9a+9b+81) + 90a - 81}{a+b+9}$$

$$= 1 + \frac{9(a+b+9) + 90a - 81}{a+b+9}$$

$$= 1 + 9 + \frac{90a - 81}{a+b+9}$$

奥数与游戏

$$= 10 + \frac{90a - 81}{a + b + 9}$$

为了使其最小,那么 $b$ 应尽可能取大,但 $b \neq c$,取 $b = 8$,

$$原式 = 10 + \frac{90a - 81}{a + 8 + 9}$$

$$= 10 + \frac{90a - 81}{a + 17}$$

$$= 10 + \frac{90a + 90 \times 17 - 81 - 90 \times 17}{a + 17}$$

$$= 10 + \frac{90(a + 17) - 81 - 90 \times 17}{a + 17}$$

$$= 10 + 90 - \frac{81 + 90 \times 17}{a + 17}$$

为了使其最小,那么 $a$ 应尽可能取小,取 $a = 1$,

所以 $\frac{\overline{abc}}{a + b + c}$ 的最小值为 $\frac{189}{1 + 8 + 9} = 10.5$。

**例 35** 不大于 1000 且与 1000 互质的所有自然数的和是多少?

**基础延伸** 公约数只有 1 的两个整数(自然数)叫作互质整数(自然数)。1000 的约数除 1 之外,其余均由因子 2 和 5 组合而成,于是凡是 2 或 5 的倍数的数均与 1000 有除 1 以外的公约数。这样的数的个数为

$$[1000 \div 2] + [1000 \div 5] - [1000 \div 2 \div 5] = 600(个)。$$

(注意:这里的方括号为取整符号,而不是中括号。)

那么不大小 1000 且与 1000 互质的自然数有:

$$1000 - 600 = 400(个)。$$

**思维愈合** 已求出了与 1000 互质的自然数为 400 个,而这些数都不能被 2 或者 5 整除,这种时候它们就成对出现,即有一个 1,就会相应有个 999,有一个 3,就会相应有个 997,有一个 $n$,就会相应有个 $(1000 - n)$。

**全面恢复** 解:$[1000 \div 2] = 500$,

$$[1000 \div 5] = 200,$$

$$[1000 \div 2 \div 5] = 100,$$

$$500 + 200 - 100 = 600。$$

$$1000 - 600 = 400。$$

$(1 + 999) \times \dfrac{400}{2} = 200000$。

答:不大于 1000 且与 1000 互质的所有自然数的和是 200000。

# 3. 魔方

魔术方块简称魔方,狭义上的魔方指的是三阶魔方,三阶魔方通常是正方体,由有弹性的硬塑料制成;而从广义上来看,魔方可以指各类可以通过转动打乱和复原的几何体。图 2 - 3 - 1 为常见的三阶魔方。

图 2 - 3 - 1

三阶魔方六个面的贴纸通常由红、黄、蓝、绿、白、橙 6 种颜色组成。一般是前红、后橙、上黄、下白、左蓝、右绿。如果不考虑这些限制,那么贴法就有 30 种。由于正方体的对称性,所以第一面随便选择一种颜色贴上,对面就有 5 种贴法;剩下的环形也具有对称性,故随便把一个环面选择一种颜色后,剩下的三面就有 3 种贴法;最后两个面即有 2 种贴法。所以,魔方贴纸的贴法总共有 5 × 3 × 2 = 30(种)。

以下给出三阶魔方的还原方法。

为了方便表示魔方的旋转步骤,下面图示给出以下基本的操作代号名称。

如图 2 - 3 - 2 所示,依次表示左侧顺时针旋转、逆时针旋转(以左侧面为钟表面板判断,下同)和旋转 180°,记作 L(Left)、L′、L2。

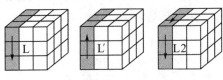

图 2 - 3 - 2

如图 2 - 3 - 3 所示,依次表示右侧顺时针旋转、逆时针旋转和旋转 180°,记作 R(Right)、R′、R2。

奥数与游戏

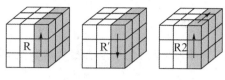

图 2 - 3 - 3

如图 2 - 3 - 4 所示,依次表示上侧顺时针旋转、逆时针旋转和旋转 180°,记作U(Up)、U′、U2。

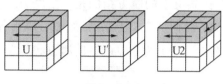

图 2 - 3 - 4

如图 2 - 3 - 5 所示,依次表示下侧顺时针旋转、逆时针旋转和旋转 180°,记作D(Down)、D′、D2。

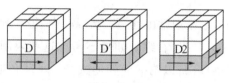

图 2 - 3 - 5

如图 2 - 3 - 6 所示,依次表示前侧顺时针旋转、逆时针旋转和旋转 180°,记作F(Front)、F′、F2。

图 2 - 3 - 6

如图 2 - 3 - 7 所示,依次表示后侧顺时针旋转、逆时针旋转和旋转 180°,记作B(Back)、B′、B2。

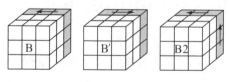

图 2 - 3 - 7

接下来我们给出几个简单的还原步骤。为了方便起见,以下给出不同颜色的填充图案,如图 2 - 3 - 8 所示。

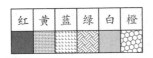

| 红 | 黄 | 蓝 | 绿 | 白 | 橙 |
|---|---|---|---|---|---|

图 2-3-8

第一步:底棱归位。

以白色为底层,将所需底棱旋转至前右中层,颜色无错位的情况下,R′即可,若有错位就如图 2-3-9 左图所示,按照以下操作步骤 101 将其归位。图 2-3-9 为底棱归位前后的情况,底棱共有四个,方法相同。

操作步骤:

101:D′,F,D。

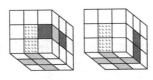

图 2-3-9

第二步:底角归位。

如图 2-3-10 所示,将所需底角旋至归位前 5 种状态之一,再分别利用步骤 201 至 205 进行归位,图 2-3-10 中最后一张图为归位后的示意图。

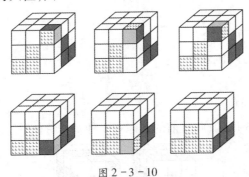

图 2-3-10

操作步骤:

201:R,U,R′;

202:F′,U′,F;

203:F′,U,F,R,U2,R′;

204:F′,U,F,201;

205:R,U′,R′,202。

第三步:第二层棱块归位。

如图 2 - 3 - 11 所示,将所需第二层棱块旋至归位前 3 种状态之一,再分别利用步骤 301 至 303 进行归位,图 2 - 3 - 11 中最后一张图为归位后示意图。

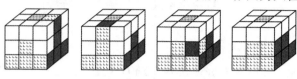

图 2 - 3 - 11

操作步骤:

301:R′,U′,R′,U′,R′,U,R,U,R;

302:F,U,F,U,F,U′,F′,U′,F′;

303:302,U,301。

第四步:顶面归十字。

如图 2 - 3 - 12 所示,归位前的状态有 3 种特征,图 2 - 3 - 12 中最后一张图为归位后示意图。

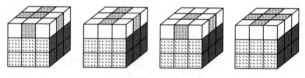

图 2 - 3 - 12

操作步骤:

401:R′,U′,F′,U,F,R;

402:R′,F′,U′,F,U,R;

403:401,U,402。

第五步:顶面四角。

如图 2 - 3 - 13 所示,归位前的状态有 2 种基本特征。

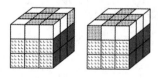

图 2 - 3 - 13

将此两种状态转化成简图,如图 2 - 3 - 14 所示。

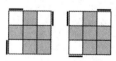

图 2 - 3 - 14

操作步骤：

501：R′，U2，R，U，R′，U，R；

502：U′，R，U2，R′，U′，R，U′，R′。

其他衍生状态如图 2－3－15 所示。

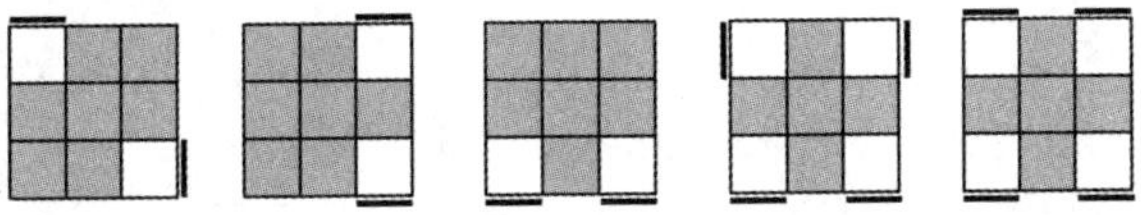

图 2－3－15

操作步骤：

503：501，502；

504：502，501；

505：502，U2，501；

506：501，U′，501；

507：501，501。

顶面四角归位后如图 2－3－16 所示。

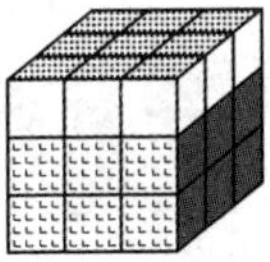

图 2－3－16

第六步：顶角归位。

如图 2－3－17 所示，出现顶角一面同色，采用步骤 601，可重复使用。

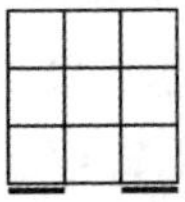

图 2－3－17

601：R，B′，R，F2，R′，B，R，F2，R2。

如图 2－3－18 所示，若需调换两个顶角的位置，采用步骤 602。

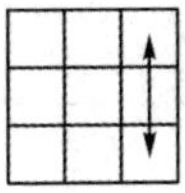

图 2－3－18

602：R，U2，R′，U′，R，U2，L′，U，R′，U′，L。

顶角归位后如图 2－3－19 所示。

图 2 - 3 - 19

第七步：顶棱归位。

如图 2 - 3 - 20 所示，顶棱归位路线有 4 种情况。

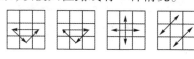

图 2 - 3 - 20

操作步骤：

701：R，U′，R，U，R，U，R，U′，R′，U′，R2；

702：701，701；

703：701，U，701；

704：701，U′，701，U。

# 4. 华容道

华容道是古老的中国民间益智游戏，华容道的棋盘由 20 个小方格组成，横向为 4 纵向为 5，棋盘下方中部有个 2 小方格宽度的出口。棋盘上有 10 颗棋子：其中 1 颗为曹操，是由 4 个小方格组成的正方形；还有 5 颗棋子分别代表五虎上将，是由 2 个小方格组成的长方形，除关羽为横向的长方形外，其他四人均为纵向的长方形；剩下的 4 颗棋子为小兵，均为 1 个小方格大小的正方形。通过移动各个棋子，帮助曹操从初始位置移动到棋盘下方中部，从出口逃走方可获胜。移动棋子时不允许跨越，还要设法用最少的步数。图 2 - 4 - 1 所示为"横刀立马"的阵型。

图 2 - 4 - 1

以下给出"横刀立马"阵型的破解方法，如图2-4-2所示。

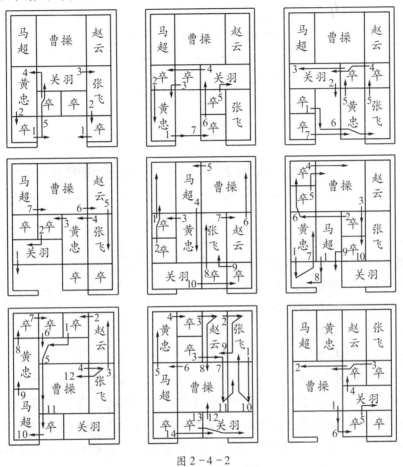

图 2 - 4 - 2

还有"铜墙铁壁""峰回路转""插翅难飞""层层设防""守口如瓶"等阵型，感兴趣的同学可以自制华容道棋盘和棋子，也可自行布阵并设计逃脱方案。

# 5. 独立钻石

独立钻石的游戏规则是棋子只能跳过相邻的棋子到空位上，并且把被跳过的棋子吃掉。棋子可以沿格线横、纵方向跳，可以连续跳跃，但不能斜跳。图2-5-1所示为独立钻石棋的初始状态，其中孔位有33个，棋子有32个，最中间的孔位无棋子。

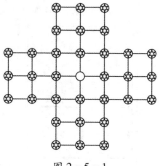

图 2-5-1

经过跳跃吃子后,如果最后剩下一枚棋子,而且正好位于棋盘的正中心,就是最好的结果。此种局势称为"独立(粒)钻石"。游戏结果级别的评定为:

最后剩下 6 枚及以上棋子的为"一般";

最后剩下 5 枚棋子的为"颇好";

最后剩下 4 枚棋子的为"很好";

最后剩下 3 枚棋子的为"聪明";

最后剩下 2 枚棋子的为"尖子";

最后剩下 1 枚棋子的为"大师";

最后剩下 1 枚棋子,而且在正中间的为"天才"。

同样是"天才"结果,在 1908 年之前,人们认为至少要 23 步才可以达成;1908 年,都丹尼则将记录刷新为 19 步;1912 年,布荷特创下了 18 步记录,并且被英国剑桥大学的比斯尼教授证明为最少的步数;无独有偶,1986 年,中国万萍萍找到了另外一种 18 步走法,并且这两种走法也是被计算机证明为仅有的两种方法。

以下给出一种 18 步"天才"走法,为方便起见,将孔位进行编号,十位数为列数,个位数为行数,如图 2-5-2 所示。

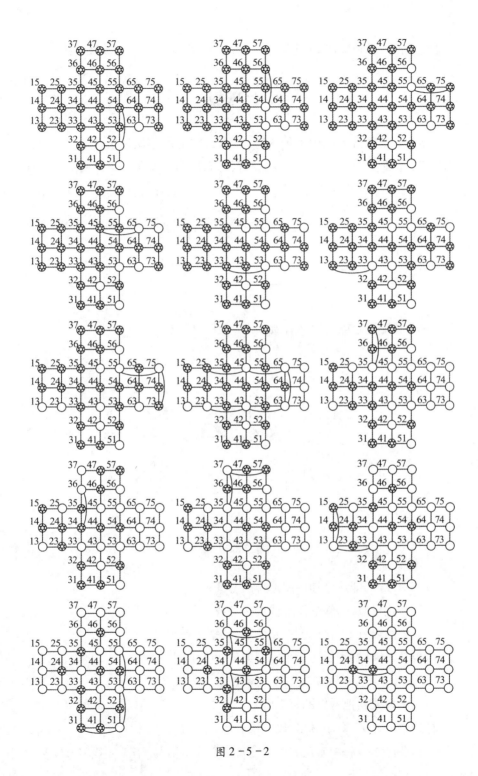

图 2 - 5 - 2

如果最后一子剩余在 14 孔位,则只需要 17 步,此时的结果级别为"大师"。

# 6.七巧板

七巧板是一种古老的中国传统智力玩具,它是由七块板组成的,并且这七块板恰好能组成一个大正方形。这七块板为五块等腰直角三角形(两小、一中、两大)、一块正方形和一块平行四边形,如图 2 - 6 - 1 所示。

图 2 - 6 - 1

以下给出几种七巧板的拼图,如图 2 - 6 - 2 所示。

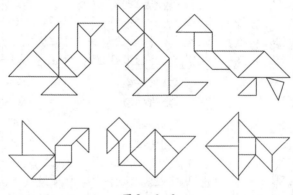

图 2 - 6 - 2

七巧板的玩法有 4 种:

(1)依图成形,即从已知的图形排出答案;

(2)见影排形,从已知的图形找出一种或一种以上的排法;

(3)自创图形,可以自己创造新的玩法、排法;

(4)数学研究,利用七巧板来求解或证明数学问题。

下面给出七巧板的简单制作方法。

(1)在纸板或其他材料的板上画一个正方形;

(2)把它分为 16 个小方格,以虚线表示方格边线;

(3)按照图 2 - 6 - 3 所示划出七巧板的实线边沿,并沿着实线剪开。

图 2 - 6 - 3

# 7. 九连环

九连环是中国传统民间智力玩具,以金属丝制成 9 个圆环,将圆环套装在横板或各式框架上,并贯以环柄。把玩时,可使 9 个圆环分别解开或合而为一,如图 2 - 7 - 1 所示。

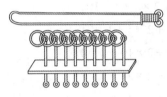

图 2 - 7 - 1

解开九连环共需要 341 步,只要上一个环或者下一个环,就算一步,而在框架上的滑动不算。九连环的每个环都互相制约,只有第一个环能自由上下。

想要上或者下第 $n$ 个环($n \geq 2$),就必须满足两个条件:

(1)第 $n-1$ 个环在架上;

(2)第 $n-1$ 个环前面的环都不在架上。

所以,玩九连环就是要努力满足上述两个条件,从本质上要从后面的环开始下,而先暂时下前面的环,下了后面的环后再把前面的环装上,因为它不算真正地取下来。

同样我们用归纳法推导,从一连环开始寻找规律:

解一连环,需要 1 步:一下。

解二连环,需要 2 步:二下,一下。

解三连环,需要 5 步:一下,三下,一上,二下,一下。

也就是说,先解一个一连环(一下),再下最后一个环(三下),然后上一个一连环(一上),最后解一个二连环(二下,一下)。

解四连环,需要 10 步:二下,一下,四下,一上,二上,一下,三下,一上,二下,一下。

也就是说，先解一个二连环(二下，一下)，再下最后一个环(四下)，然后上一个二连环(一上，二上)，最后解一个三连环(一下，三下，一上，二下，一下)。

所以，解一个 $N$ 连环，先解一个 $(N-2)$ 连环，再下最后一个环( $N$ 下)，然后再上一个 $(N-2)$ 连环，最后解一个 $(N-1)$ 连环。

根据上述情况，我们可以得到递推公式( $n \geq 3$ )：

$a_n = a_{n-1} + 2a_{n-2} + 1$。

这个递推公式关系连续三项，我们用这个公式来进行计算：

$a_1 = 1$，

$a_2 = 2$，

$a_3 = a_2 + 2a_1 + 1 = 2 + 2 \times 1 + 1 = 5$，

$a_4 = a_3 + 2a_2 + 1 = 5 + 2 \times 2 + 1 = 10$，

$a_5 = a_4 + 2a_3 + 1 = 10 + 2 \times 5 + 1 = 21$，

$a_6 = a_5 + 2a_4 + 1 = 21 + 2 \times 10 + 1 = 42$，

$a_7 = a_6 + 2a_5 + 1 = 42 + 2 \times 21 + 1 = 85$，

$a_8 = a_7 + 2a_6 + 1 = 85 + 2 \times 42 + 1 = 170$，

$a_9 = a_8 + 2a_7 + 1 = 170 + 2 \times 85 + 1 = 341$，

……

仔细观察，我们可以得到另一种形式的递推公式( $k \geq 1$ )：

$a_{2k} = 2a_{2k-1}$，

$a_{2k+1} = 2a_{2k} + 1$。

这种递推公式关系连续两项，但是却与奇偶相关，由奇数项到偶数项直接乘以 2，由偶数项到奇数项乘以 2 后加 1，这样一来我们就不难发现环数和解环数是同奇同偶的。

利用这个公式我们继续计算：

$a_{10} = 2a_9 = 682$，

$a_{11} = 2a_{10} + 1 = 1365$，

$a_{12} = 2a_{11} = 2730$，

$a_{13} = 2a_{12} + 1 = 5461$，

……

# 8. 汉诺塔

汉诺塔又称河内塔,源于印度一个古老的传说:在贝拿勒斯的圣庙里,一块黄铜板上插着三根宝石针,在其中一根针上从下到上地穿好了下大上小共64片金片,这就是所谓的汉诺塔。穷日落月,总有一个僧侣在按照下面的规则移动这些金片:一次只移动一片,不管移动到哪根针上,小片总在大片上面,且不能将小片放在除这三根针以外的地方,直到所有的金片从穿好的那根针上移动到另外一根针上。

我们先利用计算公式计算一下移动金片的次数:

$2^{64} - 1 = 18446744073709551615$(次)。

一年按照 365 天、一天按照 24 小时计算,则一年的秒数为

$3600 \times 24 \times 365 = 31536000$(秒)。

假如每秒移动一次,移完所有的金片需要的年数为

$18446744073709551615 \div 31536000 = 584942417355.07$(年)。

这表明,移动这些金片在 5800 亿年以上,而地球存在至今也不过 46 亿年,太阳系的估算寿命也不过数百亿年,真的过了 5800 亿年,不说太阳系,至少地球上的一切东西可能都早已不复存在了。

以下给出移动次数计算公式的推导方法,为了便于讨论,我们把三根针(柱子)依次起名为起始针、中间针、目标针,问题便转化为把金片从起始针上移动到目标针上的问题。

当金片为 1 层时,我们用 $a_1$ 来表示移动 1 块金片的次数,直接把这 1 块移动到目标针即可。显然 $a_1 = 1$,如图 2 - 8 - 1 所示。

图 2 - 8 - 1

当金片为 2 层时,我们用 $a_2$ 来表示移动 2 块金片的次数,我们先把第 1 块移动到中间针,再把底块移动到目标针,然后把第一块移动到目标针,由图 2 - 8 - 2 可知,$a_2 = a_1 + a_1 + a_1 = 3$。

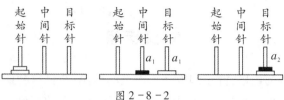

图 2 - 8 - 2

当金片为 3 层时,我们用 $a_3$ 来表示移动 3 块金片的次数,我们采用上述方法把上边 2 块用 $a_2$ 次移动到中间针,再把底块移动到目标针,然后把上边 2 块用 $a_2$ 次移动到目标针,由图 2 - 8 - 3 可知,$a_3 = a_2 + a_1 + a_2 = 7$。

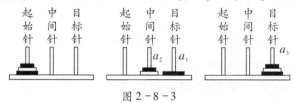

图 2 - 8 - 3

当金片为 4 层时,我们用 $a_4$ 来表示移动 4 块金片的次数,我们采用上述方法把上边 3 块用 $a_3$ 次移动到中间针,再把底块移动到目标针,然后把上边 3 块用 $a_3$ 次移动到目标针,由图 2 - 8 - 4 可知,$a_4 = a_3 + a_1 + a_3 = 15$。

图 2 - 8 - 4

依此类推,我们得到当金片为 $n$ 层时:

$$a_n = a_{n-1} + a_1 + a_{n-1} = 2a_{n-1} + 1。$$

我们探索其中规律:

$a_1 = 1 = 2 - 1 = 2^1 - 1$。

$a_2 = 2a_1 + 1 = 3 = 4 - 1 = 2^2 - 1$。

$a_3 = 2a_2 + 1 = 7 = 8 - 1 = 2^3 - 1$。

$a_4 = 2a_3 + 1 = 15 = 16 - 1 = 2^4 - 1$。

$\vdots$

$a_n = 2a_{n-1} + 1 = 2^n - 1$。

于是我们得出结论:移动 $n$ 块金片的次数为 $a_n = 2^n - 1$。

我们在计算汉诺塔的移动次数时,并没有一片一片地移动给大家看,而是用了累计前述经验的方法,那么现在很多同学可能会想具体操作的时候第一步应该怎么走呢?

我们知道,当只有 1 块金片时,我们直接移动到目标针上即可,而不能先移动到中间针,再移动到目标针上,否则次数不是最少的;有 2 块金片时,我们的目标是底块最终移动在目标针上,那么第 1 块就必然移动到中间针上……依此类推,我们可以根据奇偶性来考虑第 1 块的移动方法:如果金片个数为奇数,那么第 1 块一定要移动到目标针上,以确保次数最少;如果金片个数为偶数,那么第 1 块一定要移动到中间针上,以确保次数最少。

此外,在移动过程中,我们可能会临时堆积成各种小塔,移动时则要先实现小目标,再实现大目标,这些时候,起始针、中间针、目标针可能都在相互转化。如图 2－8－2、图 2－8－3、图 2－8－4 所示,中间那张图的中间针上的小塔要移动到目标针上去,此时目标针不变,起始针和中间针交换了角色。

# 9. 有趣的数

(1)费马数:$F_n = 2^{2^n} + 1$($n = 0,1,2,\cdots$)。

费马的猜想是所有的费马数都是质数,但他自己只证明了当 $n = 0,1,2,3,4$ 时的费马数。后来欧拉发现当 $n = 5$ 时,费马数并不是质数。

(2)梅森质数:形如 $M_n = 2^n - 1$ 的质数($n = 0,1,2,\cdots$)。

是否有无穷多个梅森质数依然是未解之谜。

(3)圆周率:圆的周长与直径的比值,一般用希腊字母 $\pi$ 表示。

$\pi$ 的近似值:$\frac{22}{7}$ 为约率或疏率、$\frac{355}{113}$ 为密率。

1761 年,约翰·海因里希·兰伯特证明圆周率是无理数,即不可表达成两个整数之比;1882 年,费迪南·林德曼证明圆周率是超越数,即不可能是任何整系数多项式的根。

(4)自然常数 $e = 1 + \frac{1}{1!} + \frac{1}{2!} + \cdots + \frac{1}{n!} \approx 2.71828$。

(5)自幂数:如果一个 $n$ 位数,它的每个数位上的数字的 $n$ 次幂之和等于它本身,那么这个数就是自幂数。

当 $n = 1$ 时,自幂数称为独身数,显然从 0 到 9 这 10 个数都为自幂数。

当 $n = 2$ 时,没有自幂数。

当 $n = 3$ 时,自幂数称为水仙花数,这样的自幂数有 4 个,它们依次为 153,

370,371,407,因为它们都满足自幂数的条件,即

$$1^3 + 5^3 + 3^3 = 153,$$

$$3^3 + 7^3 + 0^3 = 370,$$

$$3^3 + 7^3 + 1^3 = 371,$$

$$4^3 + 0^3 + 7^3 = 407。$$

当 $n = 4$ 时,自幂数称为四叶玫瑰数,这样的自幂数有 3 个,它们依次是 1634,8208,9474,因为它们也都满足自幂数的条件($n > 4$ 的情况不再详细列出算式),即

$$1^4 + 6^4 + 3^4 + 4^4 = 1634,$$

$$8^4 + 2^4 + 0^4 + 8^4 = 8208,$$

$$9^4 + 4^4 + 7^4 + 4^4 = 9474。$$

当 $n = 5$ 时,自幂数称为五角星数,这样的自幂数有 3 个,它们依次是 54748,92727,93084。

当 $n = 6$ 时,自幂数称为六合数,这样的自幂数有 1 个,它是 548834。

当 $n = 7$ 时,自幂数称为北斗七星数,这样的自幂数有 4 个,它们依次是 1741725,4210818,9800817,9926315。

当 $n = 8$ 时,自幂数称为八仙数,这样的自幂数有 3 个,它们依次是 24678050,24678051,88593477。

当 $n = 9$ 时,自幂数称为九九重阳数,这样的自幂数有 4 个,它们依次是 146511208,472335975,534494836,912985153。

当 $n = 10$ 时,自幂数称为十全十美数,这样的自幂数有 1 个,它是 4679307774。

(6)自守数:如果一个数的平方的末尾几位数等于这个数,那么它就是自守数。0 和 1 的平方的个位数仍然是 0 和 1(对任何进制都成立),称为平凡自守数。这里只研究非平凡自守数。

一位自守数有两个:5 和 6,$5^2 = 25$,$6^2 = 36$。

二位自守数有两个:25 和 76,$25^2 = 625$,$76^2 = 5776$。

三位自守数有两个:625 和 376。

四位自守数有一个:9376。

五位自守数有一个:90625。

......

(7)完全数:如果一个数恰好等于它的真因子之和,则称这个数为完全数,又称完美数或完备数。

第一个完全数是6,6的真因子有1、2、3,且6 = 1 + 2 + 3;第二个完全数是28,28的真因子有1、2、4、7、14,且28 = 1 + 2 + 4 + 7 + 14;第三个完全数是496,后面的完全数还有8128、33550336等。

(8)回文数:从左向右读与从右向左读的数字完全一样的数,即数字对称的数,如:98789。一个回文数,它同时还可能是某一个数的平方,这样的数叫作平方回数。例如:1,121,484,676,12321等。

(9)亲和数:若正整数 $A$ 的真因数之和等于 $B$,正整数 $B$ 的真因数之和等于 $A$,则 $A$ 和 $B$ 称为亲和数,又称相亲数、友爱数、友好数。例如:220 和 284,1184 和 1210,2620 和 2924,5020 和 5564,6232 和 6368,10744 和 10856,12285 和 14595 等。

(10)金兰数:若三个自然数 $A$、$B$、$C$ 中的每一个数的所有真因数之和都等于另两个数之和,则这三个数称为金兰数。如:数组(1328544,1475424,1520352)。